혐오의 시대

철학의 응답

혐오의 시대, 철학의 응답
모욕당한 자들의 반격을 위한 언어를 찾아서

초판 1쇄 발행 2019년 8월 25일
초판 2쇄 발행 2019년 11월 20일

지은이   유민석
펴낸이   이영선
책임편집   이현정

편집   강영선 김선정 김문정 김종훈 이민재 김연수 이현정
디자인   김회량 정경아
독자본부   김일신 김진규 정혜영 박정래 손미경 김동욱

펴낸곳 서해문집 | 출판등록 1989년 3월 16일(제406-2005-000047호)
주소 경기도 파주시 광인사길 217(파주출판도시)
전화 (031)955-7470 | 팩스 (031)955-7469
홈페이지 www.booksea.co.kr | 이메일 shmj21@hanmail.net

ⓒ유민석, 2019
ISBN 978-89-7483-992-5 03100

이 도서의 국립중앙도서관 출판예정도서목록(CIP)은 서지정보유통지원시스템 홈페이지(http://
seoji.nl.go.kr)와 국가자료공동목록시스템(http://www.nl.go.kr/kolisnet)에서 이용하실 수
있습니다.(CIP제어번호: CIP2019029431)

모욕당한 자들의 반격을 위한 언어를 찾아서

유민석 지음

혐오의 시대

철학의 응답

서해문집

말로 인해 빚어진 문제들은 연일 뉴스를 장식한다. 정치인의 망언과 정당들 간의 비방, 단체 카톡방 내 성희롱과 상급자의 폭언들은 하루가 멀다 하고 언론 보도를 통해 발굴되어 우리를 괴롭게 한다. 유튜브를 비롯한 소셜 미디어와 포털사이트 댓글에서 흔히 접할 수 있는 불쾌한 막말들도 마찬가지다.

　혐오표현의 피해자이자 어쩌면 가해자이기도 했을 내가 혐오표현에 관심을 가지게 된 계기도 언젠가부터 인터넷 댓글에 보이는 참담한 혐오표현들이 주는 불쾌감과 모멸감이었던 것 같다. 일상에서 마주하는 모욕적인 말들에 '조금 더 세련되고 능숙하게 받아쳤더라면 덜 억울했을 텐데' 하는 후회와 분노도 있었다. 이런 감정들은 자연스럽게 혐오표현과 대항표현, 나아가 표현(언어)이라는 주제 자체에 대해 알고자 하는 욕망을 추동했다.

표현이란 어떤 것일까? 혐오표현과 대항표현은 무엇이고 어떤 역할과 기능을 할까? 표현의 자유는 왜 중요한가? 표현의 자유란 절대적인 것일까? 표현의 자유를 제한하지 않으면서도 혐오표현의 해악에 대응할 수 있는 방법은 무엇인가?

이런 질문들을 가지고 공부를 시작한 후, 무수한 철학자들이 혐오표현과 대항표현, 표현의 자유라는 문제에 응답해 왔음을 알게 되었다. 특히 '표현'에 관한 언어철학적 연구들과 '자유'를 기점으로 한 법철학·정치철학적 논의들이 주를 이루고 있으며, 이 연구들은 무 자르듯이 분리되지 않고 서로 중첩되어 있음을 확인할 수 있었다.

이를테면 '혐오표현을 법으로 규제해야 한다'는 정치적 입장은 '혐오표현이 소수자들을 침묵시키며, 침묵당한 소수자들에게는 표현의 자유가 없기 때문에 규제해야 한다'는 언어철학적 논증에 기반하고 있다. 반면 '표현의 자유를 제한해서는 안 된다'고 주장하는 사람들은 법적으로 규제하기보다는 전복하거나 되받아침으로써, 즉 대항표현으로 맞서 싸울 수 있음을 보여 주는 논증들을 제시한다. 이는 법철학적이고 정치철학적인 논의들과 언어철학적인 논의들이 불가분의 관계이며, 혐오표현 및 대항표현과 표현의 자유에 관한 자신의 주장을 보다 명료하게 정당화하기 위해서라도 '표현'이나 '자유'에 관한 철학적 분석이 중요하다는 것을 말해 준다.

이 책은 현재 한국 사회에서 '말'과 관련된 논쟁적인 주제들, 즉 혐오표현, 대항표현, 표현의 자유를 언어철학과 정치철학적 논의들을 통해 들여다본다. 아울러 인권운동가 · 성폭력 피해자 · 법학자 · 성소수자 운동가들의 목소리와 인종 · 여성 혐오 피해, 혐오표현 규제를 둘러싼 논쟁 등을 보여 주는 실제 사건들을 소개한다. 혐오표현의 현황과 대항표현의 필요성, 표현의 자유를 규제할 때의 문제점을 드러내기 위해서다. 되도록 여러 종류의 사례를 신고자 역사부정 표현, 포르노그래피, 일베나 메갈리아 같이 논란이 되고 있는 사례들도 포함했다.

1장에서는 누군가에게 상처를 주는 '혐오표현'이 대체 어떤 속성을 가지고 있고, 어떻게 작동하며 무엇이 문제인지를 고찰한다. '표현이란 곧 행위'라고 주장하는 표현행위론을 바탕으로 혐오표현을 살펴보는 과정에서 언어가 단순히 정보를 주고받는 가치중립적인 방식으로만 쓰이지는 않는다는 것을 알 수 있다. 2장에서는 혐오발화자를 논박하고 혐오표현의 힘을 약화시키는 '대항표현'의 속성과 역할을 살펴본다. 대항표현이 갖는 의의는 무엇이고, 어떤 방식으로 가능하며, 한계는 없는지에 대해 사례를 중심으로 다루어 보고자 한다. 보론에서는 '표현의 자유'를 옹호하는 철학적 논증 5가지를 소개한다. 표현의 자유는 무엇이며 왜 중요하다고 여겨지는지, 표현의 자유란 무제한적인지, 그리고 혐오표현이나 대항표현과 표현의 자유는 어떤 관련이 있는지 등을 다루었다.

언어철학자 린 티럴Lynne Tirrell에 따르면, 우리의 언어적인 범주는 사회적인 범주를 반영한다. 그래서 언어는 곧 정치적인 투쟁의 무대이며, 차별적 이데올로기가 강화되는 억압의 도구이기도 하지만 그런 세계를 바꾸고 변화시킬 수 있는 저항의 도구이기도 하다. 혐오표현의 해악을 살펴보는 동시에 표현의 자유의 중요성을 인지하고, 대항표현의 가능성과 당위를 모색해 보려는 이 책이 한국 사회에서 뜨거운 사회적 문제이자 논쟁점으로 부상한 혐오와 '말'에 대한 유익한 담론들이 더 많이 나오는 데 작은 보탬이 되기를 바란다. 혐오표현의 모든 피해자들과 혐오에 맞선 투쟁들, 모든 대항표현을 응원한다.

늘 섬세하고 날카로운 조언으로 두서없고 중구난방이던 초고를 무사히 완성할 수 있도록 독려해 주신 이현정 편집자를 비롯한 서해문집 편집부에는 감사의 인사를 전한다.

차례

Hate$

존엄한 삶에 대한
확신의 파괴

혐오표현

peech

'껌둥이nigger' '스페인 놈spic' '일본 놈jap' 혹은

'유대인 놈kike'이라고 불리는 경험은 뺨을 맞는 것과 같다.

상처는 즉각적이다. 전달된 생각에 대한 매개적인 반성의 기회도,

즉각 대응하는 표현의 기회도 없다.

회피되어야만 하는 피해는 분명하며 현재적이다.

-

찰스 로런스, 〈그가 고함을 지른다면 내버려 둬라〉

언어란 행위다.

–

루트비허 비트겐슈타인, 《문화와 가치》

사람들은 '표현Speech'을 통해 무수히 다양한 '행위'를 한다. 사랑을 고백하고, 이웃에게 인사를 건네고, 누군가에게 무엇을 부탁하거나 감사를 표하고, 타인을 비판하거나 칭찬하며 정부에 호소하거나 항의한다. 질문에 답하고, 정보를 주거나 경고하며 약속한다. 표현은 언어를 사용한 인간의 의사소통을 의미하지만, 말과 글에 국한되지는 않는다. 흑인이 사는 집 앞마당에서 십자가를 불태운다든지, 유태인에게 노란 별무늬 옷을 입게 한다든지, 특정 집단을 가게에 출입하지 못하게 하는 행위들도 어떤 사상이나 견해를 담은 암묵적인 메시지를 간접적으로 전달한다는 점에서 표현이다.

무언가를 표현하는 것은 대개 어떤 것들을 행하는 것이다. 우리는 말하기, 글쓰기, 노래 부르기, 연기하기, 길거리에서 소리

지르기, 광고하기, 위협하기 등 온갖 종류의 행위를 표현으로써 해낸다. 작가, 학자, 연예인, 광고회사, 정치인, 범죄자에 이르기까지, 거의 모든 사람들의 서로 다른 행위들은 표현과 직간접적인 관련을 맺고 있으며 영향을 주고받는다. 인간의 역량 자체가 표현에 좌우되는 경향이 있다고 해도 과언이 아닌 것이다. 그렇기 때문에 전 세계의 민주주의 국가 대부분은 '표현의 자유Freedom of Speech'를 법으로 명시하여 보호하고 있고, 한국 역시 '모든 국민은 통신의 비밀을 침해받지 아니한다'고 규정한 헌법 제18조, '모든 국민은 언론·출판의 자유와 집회·결사의 자유를 가진다'고 명시한 헌법 제21조, '모든 국민은 학문과 예술의 자유를 가진다'는 헌법 제22조 등으로 표현의 자유를 보장하고 있다.

그런데 사람들은 표현을 가지고 묻고 답하거나 인사를 하는 등 순전히 '좋은 행위'만을 하지 않는다. 표현을 통해 서로 상처를 주며 억압하기도 하고, 장애인과 성소수자들을 모욕하고 비하하기도 한다. 표현을 통해 자신보다 학벌이 낮은 사람들을 폄하하고, 외국인을 향한 근거 없는 마타도어(흑색선전)를 하며, 그런 자신의 행위를 정당화하기도 한다. 표현을 가지고 '좋은 행위'도 하지만, '나쁜 행위'도 하는 것이다. 그 '나쁜 행위' 중의 하나가 바로 '혐오표현Hate Speech'이다.

차별적이고 폭력적인 행위

소수자를 겨냥한
낙인

현재 한국 사회에서 가장 뜨거운 사회적 쟁점 중 하나로 급부상한 화두인 혐오표현의 개념은 관점에 따라 '협의의 혐오표현'과 '광의의 혐오표현'으로 나뉜다.

우선 혐오표현의 개념을 좁게 보는 사람들은 혐오표현을 소수자 집단의 특성을 겨냥한 적대적인 표현으로 정의한다. "인종, 피부색, 국적, 성, 장애, 종교, 성적 지향과 같은 어떤 집단의 특징을 근거로 행해지는 어떤 개인이나 집단에 대한 반감이나 경멸의 소통"이라는 것이다. 다시 말해 혐오표현은 모욕하려는 의도로 개인들에게 직접 건네진 언어들의 이름이며, 여기에는 혐오스러운 언어들, 직접적이면서 강렬한 증오나 경멸을 전달한다고 여겨지는 언어들이 활용된다.[2,3]

반면 혐오표현을 넓게 정의하는 사람들은 소수자의 도덕성이나 능력에 대한 의심을 나타내는 표현에서부터 해당 집단에 대한 전형적인 묘사까지, 다양한 의사소통을 아우르고자 한다. 예컨대 '여성은 리더십이 필요한 지위가 아니라 가정생활에 적합하다'고 묘사하는 것, 인종 분리에 대한 추상적인 옹호, 소수자들을 정형화하는 '농담'들, 혹은 어떤 개인이나 집단을 지금까지 언급된 특징들 가운데 하나로 낙인찍거나 주변화하는 경향이 있는 모든 의사소통"[4]을 혐오표현으로 간주한다.

우리말 '혐오'가 갖는 강한 어감으로 인해, 혐오표현은 흔히 누군가를 싫어하거나 미워하는 감정을 언어로 표현한 것으로 여겨진다. 하지만 혐오표현에서의 '혐오Hate'에는 우리의 국어 용례와 달리 혐오 외에 경멸이나 두려움 같은 감정도 포함되어 있으며,[5] 혐오표현의 대상은 주로 해당 사회에서 역사적으로 억압을 당해 온 소수자 개인이거나 그 개인이 속해 있는 집단(표적 집단Target Group)이다.

혐오표현은 '그냥 말'이 아니라 여러 감정에 기반한 차별행위이자 폭력행위이고, 표적 집단에게 다양한 방법과 수단들로 행해진다. 말이나 글 등의 언어적인 표현뿐 아니라 메시지를 전달할 수 있는 기호, 그림, 사진, 문학, 영화, 연극, 음악, 비디오게임, 광고, 퍼포먼스, 복장 등을 통해서 행해질 수도 있다.[6,7]

혐오표현이 차별적이고 폭력적인 '행위'라는 생각은, 표현이 인간 행위의 하위 범주라는 생각에 기반하고 있다. 이러한 생각은 언어를 철학적으로 사유했던 철학자들에 의해 시작되었다.

이를테면 후기 비트겐슈타인Ludwig Josef Johann Wittgenstein[8]은 "언어란 곧 행위"[9]이며, "언어의 의미는 그 사용Use에 있다"[10]고 설명한다. 언어는 단순히 사물이나 현실을 묘사한 그림이 아니라, 다양한 맥락에 따른 사용이자 실천의 도구라는 것이다. 이러한 후기 비트겐슈타인의 관점을 '언어에 대한 놀이 이론The Language Game Theory'이라고 한다.

부모가 아이를 데리고 동물원에 가서 호랑이를 가리키며 아이에게 "저게 호랑이야, 봐 봐"라고 말하는 상황을 떠올려 보자. 이는 분명 아이에게 네발 달린 고양잇과 포유동물의 이름을 알려 주는 행위일 것이다. 그러나 산에서 누군가가 "호랑이다!"라고 외친다면, 이는 청자에게 호랑이가 나타났다고 경고하는 것이다. "'똥꼬충'이라는 용어를 쓰지 맙시다"라는 표현에서 등장한 '똥꼬충'이라는 말은, 해당 표현을 인용하는 행위일 것이다. 그러나 동성애자 앞에서 "똥꼬충"이라고 말하는 것은 단순히 동성애자를 중립적으로 지칭하는 것이 아니라, 그를 모욕하는 행위가 된다. 전자는 혐오표현에 대한 언급이지만, 후자는 직접적인 사용이기 때문이다. 이렇게 환경과 맥락에 따라 같은 말도 용례가 달라진다는 후기 비트겐슈타인적인 사고에 의해 탄생한 언어철학의 분야를 '표현행위론Speech Act Theory' 또는 '화행이론'

'화용론'이라고 한다.

비트겐슈타인의 관점은 후에 영국의 철학자 오스틴John Langshaw Austin으로 이어졌고 '일상언어학파Ordinary Language School'라는 연구 분야를 탄생시켰다. 일상언어학파에서 주로 연구하는 언어는 추상적인 논리나 명제가 아닌, '우리가 일상생활에서 사용하는 실제 언어'다. 앞으로 다룰 혐오표현과 같은 일상언어 자체를 철학적 탐구와 분석의 대상으로 삼아 연구할 수 있는 길이 생긴 것이다.

오스틴의 대표적인 저서,《말을 가지고 행위하는 법》의 제목은 '우리는 언어를 통해 다양한 행위를 하며, 언어는 곧 행위'라는 일상언어학파의 관점을 집약적으로 보여 준다. 언어 또는 표현이란 단순한 소음이나 입술의 움직임을 통해 내뱉어진 말이 아니라, 어떤 의도가 담긴 행위Act라는 것이다. 오스틴은 이를 '진술문constative'과 '수행문performative'의 구분을 통해 설명한다.

예를 들어, "나는 수영하러 갔었다"라는 표현은 자신이 수영하러 갔다는 사실을 보고하는 문장이다. 이렇게 어떤 사실을 기술하거나 사실에 대한 정보를 전달하는 문장, 즉 '진술문(평서문)'은 참 또는 거짓으로 판가름할 수 있다. 반면 "나는 내일 비가 온다는 데 6펜스를 걸겠다"라는 말은 사실을 보고하는 문장이 아니다. 이것은 화자가 어떤 의도를 가지고 내기를 행하는 문장이다. "불이야!"라는 말, "문이 열려 있구나"라는 말, "바닥이 미끄럽다"라는 말, "쟤, 동성애자래" 같은 말들 역시 단순히 사실을 보고하는 말이 아니다. 이 말들은 모두 무언가를 의도하고 있다. 이렇게 진술문이 아닌 말들이 진술문인 것처럼 위장하고 있는 것을 오스틴은 '기술주의적 오류descriptive fallacy'라고 일컫는다.

친구네 집에서 늦게까지 놀고 있을 때, 친구의 어머니가 "밤이 늦었구나"라고 말씀하신다면 이는 단순히 밤이 늦었다는 정보를 전달해 주는 것이 아니다. 완곡하게 집에 가라는 신호를 주는 것이다. 이때 눈치 없이 "그럼요. 지금 9시가 넘었으니 밤이 늦은 건 당연하죠"라고 답한다면, 화용론적인 맥락을 잘못 파악하여 진술문이 아닌 표현을 진술문으로 간주하는 것이다. 짐을 잔뜩 들고 있는 할머니가 "학생, 무거워"라고 말하는 것 또한 마찬가지다. 할머니는 짐의 무게가 무겁다는 사실을 단순히 전달하려는 것이 아니다. 청자인 학생에게 짐을 좀 들어 달라고 우회적으로 부탁하고 있는 것이다. 할머니의 말을 듣고 무심하게 "그러게요. 무거워 보이는군요"라고 답한다면, 그 학생 역시 기술주의적 오류를 범한 것이 된다.

이런 말들이 사실에 대한 보고, 즉 진술문이 아니라면, 대체 무엇일까? 오스틴은 사실에 대한 진술인 것처럼 위장하고 있으나 사실에 대한 진술이 아닌 발화들을 '수행문'으로 명명한다. 만일 밤늦게까지 시험공부를 하다가 시계를 보고 혼자서 "밤이 늦었구나"라고 말했다면, 이는 시간이 늦었음을 진술하는 진술문에 해당될 것이다. 그러나 앞의 사례처럼 친구 집에 놀러 갔을 때 친구의 어머니가 "밤이 늦었구나"라고 말했다면, 이는 밤이 늦었다는 사태를 알리는 진술문이라기보다는, '밤이 늦었으니 이만 집에 돌아가라'는 완곡한 종용 내지는 청유에 해당되는 수행문이다.

수행문은 무언가를 기술하거나 전달하는 진술문과 구별된다. 그것은 어떤 것을 '기술'하거나 '보고'하는 것이 전혀 아니고, '참이나 거짓'도 아니다. "나는 쇼핑을 갔었다"라는 진술문은 참인지 거짓인지(진짜로 쇼핑을 갔었는지, 가지 않았는지)를 확인할 수 있는 반면, "우산을 챙기는 게 좋겠다"와 같은 수행문은 그 말이 참이나 거짓이라 할 수 없고, 다만 적절하거나 부적절할 뿐이다. 예를 들어 해가 쨍쨍한 날 우산을 챙기라고 말하는 것은 부적절한 수행문이다.

또한 수행문의 예시들을 통해 유추할 수 있듯이, 문장을 발언하는 것은 모두 어떤 행동을 하는 것이다.[12] 수행문은 언어가 행위라는 개념을 함축하고 있다.

우리는 이러한 유형의 문장이나 말을 무엇으로 불러야 할까? 나는 그것을 수행적인 문장이나 수행적인 말 혹은 간단히 줄여서 '수행문'으로 부를 것을 제안한다. 그 이름은 물론 명사 '행동Action'의 일반동사인 '수행하다perform'에서 따온 것이다: 그것은 말을 내뱉는 것이 행동의 수행이라는 것을 나타낸다: 그것은 단지 무언가를 말하는 것이라고는 보통 생각할 수 없다. … '수행적' 발화는 본질적으로 '진술적' 발화와 대조된다: 진술적 발화를 표출하는 것은 어떤 진술을 하는 것인 반면, 수행적 발화를 표출하는 것은 내기를 하는 것이다.[13]

'그냥 말'은
없다

오스틴의 견해를 받아들인다면, 우리는 혐오표현을 단순한 진술문이 아니라 수행문으로, 표적 집단에 가해지는 언어적인 폭력행위로 볼 수 있게 된다. 지하철에서 흑인을 가리키면서

"껌둥이다"라고 하거나, 남성 동성애자 커플을 향해 "쟤네 똥꼬충이네"라고 하는 것은 그들이 흑인이거나 동성애자임을 객관적으로 기술하는 진술문이 아니라 그들을 모욕하고 차별하는 수행문이 되는 것이다. 마찬가지로, "김치년!"과 같은 표현은 실제 존재하고 있는 일부 여성들을 중립적으로 지칭하는 진술문이 아니다. 여성을 향해 표출된 혐오발화자의 차별적인 언어폭력이다. 언어적 학대와 누군가를 때리는 것은 종류의 차이가 아니라 정도의 차이이다.[13]

언어철학자이자 정치철학자인 레이 헬렌 랭턴Rae Helen Langton은 오스틴의 연구가 갖는 의의를 다음과 같이 평가한다.

오스틴은 말과 행위에 대한 이론을 사회 활동의 영역에 확고히 위치시켰으며, 이러한 영역에는 정치적인 차원이 존재한다.[14]

표현행위론을 이론적인 문제에서뿐 아니라 법적·정치적 문제에 적용한 이론가들은, 혐오표현을 표현의 자유의 보호 바깥에 있는 차별행위 또는 폭력행위로 규제하거나 실제로 처벌할 수 있는 근거를 찾게 되었다. 표현행위론이 혐오표현을 둘러싼 논쟁에서 규제를 정당화해 줄 수 있는 강력한 이론적 근거로 쓰이면서 현실 정치와 맞닿게 된 것이다. 실제로 많은 법학자들과 운동가, 철학자들이 오스틴의 이론을 적용하여 혐오표현을 '수행문'으로 간주했다.

> 오스틴은 《말을 가지고 행위하는 법》이라는 일련의 강의록을 선보였다. 이 저서는 당시 언어철학의 영역을 재구성했으며, 이후에는 미국에서의 포르노그래피와 '혐오표현' 규제를 둘러싼 논쟁을 재구성했다. … 비판적 인종 이론가들은 포르노그래피의 표현행위와 '혐오표현'의 표현행위를 단순한 말이 아니라 행동으로 재-맥락화했다.[15]

혐오표현을 연구하고 이론화하려고 했던 학자들의 기저에 있던 생각은 혐오표현이 물리적 폭력행위와 다를 바 없거나, 최소한 그에 못지않다는 것이었다. 혐오표현을 그냥 말only words 의 문제가 아니라, 특정 맥락에서 누군가에게 무언가를 행하는 행위에 관한 문제로 여겼던 것이다. 따라서 이들은 혐오표현이 단순한 표현이 아니라 차별행위 또는 폭력행위라면 표현의 자유를 누려서는 안 되며 법으로 규제할 수 있다고 주장한다.

예컨대 "장애인 새끼야" "귀머거리야, 이 병신아"[16] 같은 표현을 장애인을 묘사하는 가치중립적 서술이라고 보지 않는 것이다. "내가 너를 본 적이 있다" "너희 집으로 찾아갈 것"[17]과 같은 스토커의 협박을 중립적인 보고나 예고로 간주하지 않는 것이다. "밤에 남편이랑 잠자리 잘하고 있냐"[18]와 같이 이주민에게 가해지는 성희롱적 질문들이나 "당신도 그런 쪽 사람이냐"[19] "동성애자냐?"[20] 등의 표현들을 성 정체성이나 성적 지향에 관한 순수한 호기심이 발현된 질문으로 받아들이지 않는 것이다. 이런 표현들은 모두 화자가 어떤 의도를 가지고 행하는 수행문에 해당한다.

그런데 이후 오스틴은 진술문/수행문의 구분을 확장시켜서, 표현행위를 다른 방식으로 재분류한다. 진술문과 수행문의 구분이 그렇게 명확하지 않으며 때로는 모호하다는 것을 발견했기 때문이다. 이를테면 "나는 어제 쇼핑을 갔었다"라는 말은 사실을 보고하는 진술문이기도 하지만, 진술하는 '행위'이기도 하다. "나는 내일 비가 온다는 데 6펜스를 걸겠다"라는 수행문에도 내 수중에 돈이 있다는 것이 '참'이라는 진술문이 전제되어 있다. 이에 오스틴은 '발화행위Locutionary Act' '발화수반행위Illocutionary Act' '발화효과행위Perlocutionary Act'라는 3가지 표현행위 범주를 도입한다.

먼저 발화행위란 쉽게 말해서 단순히 무언가를 말하는 행위saying something다. 술주정을 하는 사람, 잠꼬대를 하는 사람은 자신이 무슨 말을 하는지 알지 못하지만 어쨌거나 발화행위를 하고 있다고 할 수 있다. 발화행위는 앵무새도, 컴퓨터도 할 수 있다. "이번 역은 홍대입구역입니다"라고 말하는 지하철의 컴퓨터 안내 방송은, 컴퓨터 자신이 무언가를 알리거나 설명하는 행위를 하고 있는 것이 아니다. 그러나 그 말에는 분명히 의미가 담겨 있기에 우리는 "이번 역은 홍대입구역입니다"라는 안내 방송을 듣고 이해하거나 내릴 수 있다. 컴퓨터 안내 방송은 그저 발화행위인 것이다. 앵무새에게 혐오표현을 가르치거나 컴퓨터가 말하게 만든다 하더라도, 그들이 하는 표현은 순수한 발화행위이기 때문에 혐오표현을 했다고 볼 수 없다.

다음으로 발화수반행위란 화자가 어떤 의도를 가지고 말하면서 하고 있는 행위in saying something를 일컫는다. 사람은 앵무새나 컴퓨터와 달리, 말을 할 때 단순히 음성만 내지 않는다. 다시 말해 사람은 발화행위만 하고 있는 것이 아니라, 그 말 속에 들어 있는 어떤 의도된 특별한 행위들을 하고 있다. 예컨대 어머니께 전화를 걸어 "어두워지기 전에 집에 갈게요"라고 말하는 것은 '약속'이라는 행위를 한 것이다. "난 한국이 다음 월드컵에서

16강에 진출한다는 쪽에 맥주 1병을 걸겠어"라고 말하는 것은 '내기'라는 행위를 한 것이다. 추운 겨울날 동생이 외투를 걸치지 않고 집을 나서려 할 때, 형이 "밖이 추워"라고 말하는 것은 '경고'라는 행위를 한 것이다. "제 생각이 짧았던 것에 대해 사과를 드립니다"라고 말하는 것은 실제로 미안하다고 '사과' 행위를 한 것이다. 이렇게 발화 속에 들어 있는, 발화에 수반된 화자의 의도를 표현하는 것을 '발화수반행위'라고 부른다.

　　마지막으로 발화효과행위는 청자에게 효과를 야기하는 표현을 의미한다. 쉽게 말해 화자가 무언가를 말함으로써by saying something 청자가 가지는 감정과 같은, 말이 세계에 가져온 효과라는 뜻이다. 예를 들어 어머니께 전화를 걸어 "어두워지기 전에 집에 갈게요"라고 약속을 하면, 어머니는 안심을 하게 될 것이다. 형이 "밖이 추워"라고 말한다면, 동생은 외투를 걸치고 나가게 될 것이다. 이렇게 효과를 낳는 표현이라는 점에서 '발화효과행위'라고 부른다. 표현과 효과 사이에는 시간적인 간극gap이 있으며, 효과는 사람이나 상황에 따라 우연적일 수 있다. "코끼리같이 뚱뚱하다"라는 말을 들으면 누군가는 깊은 상처를 받을 수 있지만, 누군가는 대수롭지 않게 여길 수 있기 때문이다.

　　이 3가지 개념은 앞으로 살펴볼 혐오표현과 대항표현이 행하고 있는 기능이나 효과를 둘러싼 논의들에서 중요하게 활용된다. 특히 랭턴은 오스틴의 '발화수반행위(화자가 어떤 의도를 가지고 말하면서 하고 있는 행위)' 개념의 사례를 약속이나 내기 등에서 "껌둥이"나 "동성애자들은 정신병"과 같은 혐오표현으로 확장시킨다. 혐오표현에는 어떤 발화수반행위와 발화효과행위가 들어 있을까?

언어로 하는 구타 : 모욕

"난쟁이가 욕심도
많다"

    혐오표현의 발화수반행위 중 하나이자 혐오표현이 갖고 있는 중요한 기능은 바로 '모욕'이다. 소수자 인권 연구자인 김지혜에 따르면 모욕 형태의 혐오표현은 "특정 집단에 대한 비하, 조롱, 경멸, 무시 등을 드러내는 표현"[21]들로, '김치녀(여성)' '똥남아(동남아인)' '똥꼬충(동성애자)' '급식충(아동청소년)' '틀딱충(노인)' '너희 나라로 돌아가라(이주민)' '난민은 쓰레기(난민)' '병신(장애인)'[22] 등 다양한 방식으로 여러 사회적 집단에 행해진다. 욕설, 별명, 위협적인 기호나 상징 등의 형태로 표현되는 모욕적인 혐오표현은, 모두 모욕의 대상이 된 자들을 직접적으로 비하하고 폄하한다.[23]

"난쟁이가 욕심도 많다"[24]라는 표현이 그 예다. 이 표현은 지체장애인 여성의 직장 생활과 자립을 보여 주는 프로그램을 기사화한 인터넷 뉴스에 달린 댓글 중 하나로, 장애인 당사자에게 직접 가하는 '언어적인 따귀'로 작동했다. 실제로 이 댓글을 접한 당사자는 모든 인터넷 댓글을 보지 않게 되었다고 한다. 모욕적인 장애인 혐오표현으로 인해 고립과 단절을 경험해야 했던 것이다.

국내의 무슬림들을 향해 쏟아지는 "너희 나라로 돌아가" "조용히 살아" "죽이겠다"[25] 같은 위협이나, "창녀 같은 년"[26] 등의 여성을 향한 욕설도 마찬가지다. 이런 표현들은 가장 즉물적이고 원초적인 형태로 표적 집단이나 그 구성원들을 직접 모욕하거나 위협하기 위해 사용되는 '언어폭력'이다.

한 흑인 야구 선수에게 쏟아진 인종차별적인 욕설 사례에서도 혐오표현이 어떻게 언어적인 따귀로 작동하는지를 알 수 있다. 1973년, 미국의 흑인 야구 선수인 행크 에런Hank Aaron은 아래와 같은 협박 편지를 받았다. 그가 백인 선수인 베이브 루스의 홈런 기록을 위협했다는 이유였다.

- '껌둥이에게. 나는 네가 베이브의 기록을 깨지 않기를 바라. 내가 어떻게 우리 아이한테 껌둥이가 기록을 깼다고 말할 수 있겠니?'
- '껌둥이에게. 네가 좆같은 낮은 담장 너머로 좆같은 홈런을 날릴 수 있겠지. 그렇지만 너는 그 좆같은 껌댕을 네 얼굴에서 지워 버릴 순 없어.'
- '껌둥이에게. 이 시꺼먼 동물아, 나는 네가 베이브 루스보다 더 많은 홈런을 칠 만큼 오래 살지 못하길 바란다.'
- '껌둥이 머저리에게. 천만에. 너는 위대한 베이브 루스가 세운 이 기록을 깨지 못할 거야. 백인은 정글 원숭이들보다 훨씬 더 우월하니깐. 내 총이 너의 모든 움직임을 주시하고 있어.'[27]

편지들은 표적 인종 구성원을 직접 겨냥한 욕설 형태의 혐오표현으로 가득 차 있었다. 목적은 청자인 행크 에런을 말과 글로 위협하고, 폭행하며, 모욕하는 것이었다.

이러한 욕설들은 욕설의 대상이 된 자들에 대한 비하적인 생각이나 부정적인 편견들을 표현하고 부호화하며 관련짓거나 함의한다. 예컨대 '껌둥이 새끼black bastard'는 '게으르고, 어리석고, 공격적이며, 아무짝에도 쓸모없는 흑인 범죄자'라는 의미나 내용을 내포할 수 있다. '더러운 똥꼬충dirty fagot'은 '여성스럽고, 난잡하며, 성적으로 혼란스럽고 일탈적이며, 위험하고, HIV를 옮기는 동성애자'를 의미할 수 있으며, '가짜 난민 신청자bogus asylum-seeking'는 '거짓말하고, 믿을 수 없으며, 반갑지 않은 경제적 이주자'라는 뜻을 내포할 수 있다.[28]

정치철학자이자 법학자인 제러미 월드론Jeremy Waldron에 따르면, 모욕적인 혐오표현은 "내부에서 끓어오르는 혐오를 분출하듯이 '발산되는' 식으로 기능"[29]한다. 즉, 혐오표현의 주된 메시지는 표현적expressive이며, 혐오발화자의 혐오를 드러내고 표현한다. 규범적인prescriptive 메시지를 함께 보내기도 한다. 이를테면 "무슬림은 나가라" 같은 혐오표현이 담긴 포스터와 소책자 표지들은, 모욕의 대상이 된 집단 구성원들을 향해 다음과 같은 규범적인 메시지를 보낸다.

당신이 여기서 환영받으리라는 바보 같은 생각은 하지 마라. 당신을 둘러싼 사회는 친절하고 차별이 없어 보일지도 모른다.

하지만 우리는 당신을 원치 않으며, 우리가 할 수 있을 때 언제라도, 당신과 당신 가족들을 회피하고 배제하고 두들겨 패고 쫓아내리라는 점이 진실이다. 우리는 지금부터 저자세를 유지해야 할지도 모른다. 그러나 너무 편하게 생각하진 마라. 과거에 당신과 당신 같은 사람들에게 무슨 일이 일어났었는지 기억하라. 두려워해라.[30]

위 메시지에서 "우리는 당신을 원치 않는다"라는 말은 혐오발화자의 태도를 청자에게 진술하는 표현적인 메시지이지만, "두려워해라"라는 부분은 흡사 명령문에 가까운 규범적인 메시지다. 청자를 직접적으로 모욕하는 혐오표현은 혐오발화자의 태도를 드러내고, 그에 더해 청자를 위협하거나 그에게 어떤 명령을 담은 메시지를 함께 보내는 것이다.

온라인이라는
숙주

모욕적인 혐오표현들은 온라인을 숙주로 삼아 증식하고 그 해악을 더더욱 증폭시키고 있다. '버닝썬'이라는 한 클럽을 중심으로 벌어졌던 성범죄 및 불법촬영물 유포 사건, 일명 '버닝썬 게이트'에 연루된 일부 남성 연예인들은 카카오톡 단체 채팅방에서 불법촬영물을 공유하고, 여성들을 성희롱하고 비하하는 발언을 했다. 그들은 여성을 음식에 비유하기도 하고, "위안부급"이라고 표현하기도 했다.[31] '유튜브'라는 닉네임으로 알려진 한 유튜버는 "문신한 여자는 걸레 같다"라는 여성 혐오표현과 천안함 및 세월호 참사 희생자 비하 표현[32] 등으로 논란을 일으켰고 결국 유튜브에서 퇴출되었다. 어느 대학의 단체 채팅방에서는 남학생들이 "X감으로 보내 달라" "돈 줘도 안 사귄다" "옆에서 애교 떨면 하룻밤 자긴 좋지"라는 식으로 여학생들을 성희롱했다가 무기정학 처분을 받았다.[33]

특히 소셜 미디어Social Media는 이미 혐오표현이 증식하는 혐오의 온상이자, 극단적인 혐오를 확산시키기 위한 좋은 수단이 되어 버린 듯하다. 기존의 주류 매스 미디어Mass Media에 비해 더 쉽게 접근할 수 있고, 혐오가 전파되는 속도가 매우 빠르기 때문이다. 온라인 혐오표현 연구자 외자스란 제이넵Özarslan Zeynep의 말대로 "혐오표현 현상은 단지 전통적인 미디어에만 국한되지 않으며, 오늘날 세계에서는 미디어 전문가와 평범한 사람들 모두 온갖 형태의 미디어를 통해 혐오표현을 끊임없이 재생산"[34]한다. "스마트폰 및 기타 모바일 장치들의 광범위한 사용과 함께, 소셜 미디어는 '타자'를 향해 자신들의 혐오를 표현하고자 하는 일부 사람들에게 더욱 가시적이고 쉽게 접근 가능한 공적인 플랫폼"[35]이 되었다. 혐오표현은 어제오늘의 일이 아니지만, 정보통신과 인터넷이 발전하면서 한 국가의 경계 내에 있던 혐오가 국가를 넘어 확산되고, 매스 미디어는 물론 소셜 미디어에서도 타자에 대한 부정적인 연상과 편견이 매일같이 생산되고 있는 것이다.[36]

법학자 다니엘르 키츠 시트론Danielle Keats Citron과 헬렌 노턴Helen Norton 또한 혐오가 소셜 미디어로 침투하고 있다는 점을 매우 우려한다. 소셜 미디어에 의해 전파되는 혐오표현은 매스 미디어와 달리 일부 권위 있는 자들에 의해서가 아니라 보통 사람들에 의해 생산되기 때문이다. 일부 학자는 이 같은 새로운 정보통신 플랫폼들이 사회 내 민주화 과정에 기여할 수 있는 잠재력을 가지고 있다고 보기도 하지만, 현존하는 서로 다른 민족·종교·성 정체성 간의 갈등을 강화할 뿐 아니라 일상에서 그것들을 재생산하는 데 효과적인 도구로 사용될 수도 있다는 점을 지적한다.

제이넵은 터키 동부의 한 도시에서 지진이 일어났을 때 트위터가 지진 피해자들에 대한 혐오표현을 확산시키는 도구로 악용된 사례를 들려준다. 사건 내용은 이렇다. 2011년 10월 23일, 거주자 대부분이 쿠르드족인 반Van이라는 도시에서 강진이 발생했다. 이 지진은 공교롭게도 터키 군인과 PKK(쿠르드노동자당) 사이의 전쟁으로 터키 군인 24명이 사망한 지 불과 며칠 후에 발생했기 때문에, 트위터에서는 이 지진을 '신의 경고' 혹은 '군인들의 죽음에 대한 복수'로 표현하는 혐오 트윗들이 확산되었다. 즉, 지진이 정당했다는 것이다.

세월호 참사 희생학생들의 죽음을 조롱했던 일베 유저들을 떠올리게 하는 이 사건은, 많은 사람들에게 충격을 주었다. 자연재해를 국가 동부 지역의 전쟁과 연결했던 트위터 이용자들이 KKK 같은 극단적인 인종차별주의자 집단이 아니라 지극히 평범한 사람들이었기 때문이다. 각지에서 인도적인 구조와 지원을 위해 노력하고 있을 때도 그런 노력들을 막기 위해 '죽어도 싼 테러리스트'라는 트윗으로 혐오표현을 하느라 바빴던 이들도 있었다고 한다.[37]

온라인 혐오는 우리에게도 현실로 닥쳐왔다. 온라인의 여성 혐오표현을 연구한 언론정보학자 김수아는 "현재 한국의 온라인 공간은 지배적으로 여성에게 적대적인 담론들을 지속적으로 생산해 내고, 나쁜 여성주의자를 만들어 내고 남성을 착취하는 여성이라는 개념을 구성하여 비난하는 방식을 통해 여성 혐오 정서 구조를 강화"[38]하고 있다고 주장한다. 그리고 온라인상에서 '김치녀'나 '맘충' 같은 여성 혐오표현들이 점증하고 있는 이유를 이렇게 설명한다. "온라인과 오프라인의 세계는 별도로 존재하는 것이 아니기 때문이다. 온라인 세계의 양상은 현재 한국 사회에서 구조화되어 있는 현실 세계의 젠더 질서를 일정 정도 반영한 것"[39]이다. 온라인과 오프라인은 동떨어진 세계라기보다는, 서로 끊임없이 영향을 주고받는 세계. 이를테면 여성을 향한 오프라인상의 모욕적인 혐오표현들이 온라인상에서 되풀이되고, 온라인상의 혐오표현들이 다시 오프라인에 영향을 주는 식이다. 혐오는 단순히 청자를 모욕하고 끝나는 것이 아니라, 확산되고 증식된다.

증오의 촉진 : 선동

"이주여성이 와서 서민들의 일자리를 뺏는다"

혐오표현이 행하는 또 다른 발화수반행위가 있다. 바로 표적 집단을 향한 혐오와 차별을 고조시키고 증폭시키는 '선동 inciting'이다. "왜 전라국을 대한민국의 적으로 규정해야만 하는 가? 첫째는 사실이 그러하기 때문이고, 둘째는 전략상으로도 더 유리하기 때문이다"[40] "동성애는 정신병이고 비정상이다" "여성 이 취업이 안 되는 것은 그들이 남성에 비해 업무 능력이 열등하 기 때문이다" 등의 혐오표현은 마치 TV 광고와 같이 증오를 홍 보하고 조장한다.

> 흡연이 암을 촉진시킨다면, 흡연이 암을 야기하는 것이다. 담 배 회사가 흡연을 촉진시킨다면, 담배 회사는 흡연을 옹호하는 것이다. 담배 회사의 옹호가 사람들이 담배를 피우게 되는 결 과를 불러일으킨 것이므로, 담배 회사는 흡연을 옹호함으로써 흡연을 야기한 것이다.
> 이처럼 혐오표현은 발화수반행위적인 방식과 발화효과행위적 인 방식 모두로 증오를 '촉진'한다. 즉, 혐오표현은 증오를 옹호 하고 증오를 야기한다.[41]

담배 회사의 광고가 우리로 하여금 흡연을 하도록 부추기 고, 주류 회사의 광고가 은연중에 우리에게 음주를 권장하는 것처럼, 혐오표현 또한 우리가 누군가를 혐오하도록 선동한다. 이를테면 "다문화 정책으로 인하여 한국의 순수 혈통이 사라져 민족의 소멸을 초래할 것" "이주민과 외국인의 유입으로 인하여 나라가 망할 것" "동성애자는 성범죄자" 같은 표현들이 대표적으로 차별을 선동하는 혐오표현이라고 할 수 있다.[42]

김지혜는 선동형 혐오표현 연구에서 이런 선동들이 "신문, 방송 등 대중매체를 이용해 어떤 집단에 대한 편견을 선전하여 고의적으로 그 집단에 대한 혐오감을 전파시키고 구체적인 차별이나 폭력 행동을 유도"[43]하며, "해당 집단에 대한 혐오감과 공포감을 조성하고, 이를 해당 집단에 대한 열등한 대우를 정당화하는 근거로 사용"[44]한다고 지적한다.

'선동'으로서의 혐오표현은 심해질 경우 혐오 범죄, 나아가 전쟁이나 인종 학살 등 제노사이드Genocide의 기반이 되기도 한다. 제2차 세계대전 당시 유태인을 범죄자로 묘사한 나치 독일의 신문 기사와, 르완다의 소수민족인 투치족을 바퀴벌레로 표현한 라디오방송을 살펴보자.

• 커다랗고 기분 나쁜 매부리코를 가진 인물이 작은 금발의 아이들에게 사탕을 나눠 준다. "이리 오렴, 애들아. 너희들한테

줄 사탕이 조금 있단다. 그러나 너희 둘 다 아저씨를 따라와
야 한다…….”

- 의사는 젊은 독일인 여성을 문틈으로 음흉하게 쳐다보았다.
  범죄자의 두 눈이 안경 뒤에서 깜박였으며, 두꺼운 입술은
  씩 웃고 있었다.

- 그들(투치족)은 모두 바퀴벌레들이다. 무장한 우리 군대가 거
  기 도착할 때, … 그들은 모두 바퀴벌레가 될 것이기 때문에
  아무도 살지 못할 것이다.[45]

위 사례에서 유태인은 아동 납치범이나 탐욕스러운 성범
죄자로, 투치족은 박멸해야 할 벌레로 묘사되고 있다. 랭턴은 이
런 사례들이 모두 인종 학살에 일정 부분 일조했다고 주장한다.
인종차별을 선동하는 혐오표현이 인종주의적 우월성에 기반한
사상을 유포했고, 그것이 청자의 태도에 영향을 미쳐 몇몇 청자
들이 표적 인종의 구성원을 혐오하고 회피하게 된 결과라는 것
이다.

랭턴에 따르면, “껌둥이들은 짐승에 불과하기 때문에 투표
할 권리를 주면 안 된다”라는 혐오표현의 선동으로 인해 백인들
은 흑인들이 열등하다고 믿고, 그들을 향한 차별이 정당하다고

믿으며, 그들이 더 적은 권리들을 가져야 한다고 믿는다. 또한 그런 선동의 결과, 흑인들은 결국 투표소에 접근하지 못하게 된다.

"동성애자들은 문란하다"[46] "동성애자로 인해 에이즈 감염이 더 늘고, 그러면 세금 더 많이 나가"[47]와 같은 혐오표현들은 성소수자를 향한 혐오를 부추기고 증폭시킨다. 실제로, 청소년들이 용돈을 벌고 싶어서 성인들을 상대로 '항문알바'를 하고 있다는 내용을 담은 기사에는 성소수자가 국가를 망하게 할 것이라는 댓글이 달렸다.[48]

"나는 다문화에 반대한다. 이주여성이 와서 가족들 초대하며 서민들의 일자리를 뺏고 임금을 동결 혹은 다운시킨다. 이래서 나는 다문화 싫다. 국제적으로 비난을 받는 매매혼 서류만 봐도 알겠다"[49] "발달장애인은 모두 죽어야 한다. 그런 자식을 낳은 엄마부터 죽어라. 발달장애인은 밖에 나오지 못하게 해라"[50] 같은 혐오표현들 역시 마찬가지다.

이렇게 "공공의 적개심을 고취하거나 차별 혹은 폭력을 유도하려는 고의성을 가지고 생각을 표현"[51]한 혐오표현들은 모두 이주여성, 다문화가정, 장애인, 성소수자 등 우리 사회의 취약 계층과 소수자에 대한 태도와 행동에 영향을 미친다. 혐오표현은 청자를 화자의 혐오-세계Hate-World에 초대하여, 이들이 부정하고 열등하다고 믿을 것을, 그들에 대한 차별이 정당하다는 것을, 무엇보다도 그들을 혐오할 것을 촉진하고 부채질하는 '선동'이다.

교묘히 은폐된
편견들

그런데 혐오표현이 꼭 이렇게 직접적이고 명시적인 방식으로 선동하는 것만은 아니다. 때로는 좀 더 교묘하고 은폐된 방식으로 선동한다. 랭턴은 철학자 데이비드 루이스David Lewis와 로버트 스톨네이커Robert Stalnaker의 논의를 활용해서, 혐오표현 속에 교묘한 전제들이 숨어 있다고 주장한다. 이를테면 앞서 살펴보았던 독일의 신문 기사에는 '유태인들은 종종 아이들을 납치한다'는 사실명제(어떤 객관적인 사실을 제시하는 명제), '훌륭한 독일인들이라면 유태인을 혐오한다'는 규범명제(어떤 주관적인 가치판단을 담고 있는 명제) 등 드러나지 않은 전제들이 있다.[52]

이런 종류의 혐오표현은 특정 사실과 규범들을 직접적이고 명시적으로 표현하기보다는, 암묵적으로 전제한다. 예를 들어 "세 살 먹은 애도 알겠다"라는 표현은 세 살 먹은 애가 알 수 있다고 주장할 뿐 아니라, 세 살 먹은 애는 많은 경우 성인에 비해 무지하다는 사실을 '전제'하고 있다. 많은 혐오표현이 이처럼 은폐된 전제들을 가정함으로써 작동한다.

최근 아시아 여성에 대한 인종 혐오와 여성 혐오적인 내용으로 논란이 되었던 독일 호른바흐Hornbach 사社의 광고를 살펴보자. 이 광고에선 백인 남성이 입었던 더러운 옷을 비닐 백에 진공포장해서 만든 상품을 아시아 여성이 구매하여 냄새를 맡은 뒤에 황홀해하는 장면이 나온다. 마지막에는 '이게 봄 내음이지'라는 문구로 끝을 맺는다.[53] 겉보기에는 동양인으로 보이는 여성이 백인 남성이 입었던 옷의 냄새를 좋아하는 장면뿐이지만, 분명 이 광고에는 '아시아 여성들은 백인 남성들에게 성적으로 열광한다'는 근거 없고 정당화될 수 없는 전제가 숨겨져 있으며, 이러한 망상을 광고에 활용하고 있다. 이 광고는 아시아 여성에 대한 어떤 사실과 규범들을 화자와 청자 사이에 공통된 전제로 가정함으로써, 특정 효과들을 선동하며 아시아 여성들을 향한 백인 남성들의 잘못된 선입견에 영향을 미친다고 할 수 있다.

2018년 예멘 난민 제주도 입국 사건과 관련하여 쏟아져 나왔던 혐오표현들 역시 마찬가지다. "자국민의 생명과 안전이 위협받는다면, 인도주의적 난민 정책이 무슨 의미가 있겠는가"[54] "우리 국민도 허리가 휘는데 난민 '신청자'까지 먹여 살릴 순 없다""가짜 난민 보호하려다 대한민국 국민도 숨넘어가게 생겼다""불법체류 및 범죄 가능성이 커져 대책이 필요하다"[55] 등의 혐오표현을 살펴보자. 이런 표현들에는 직접적인 혐오가 드러나 있지 않지만, 모두 '난민들이 한국인들의 생명과 안전을 위협한다' '가짜 난민들이 존재한다' '난민들로 인해 경제가 위태해진다' '난민들은 범죄를 일으킨다' 등의 사실명제와 '난민을 수용해서는 안 된다' '난민을 불허하는 것이 올바르다' 등의 규범명제가 교묘하게 전제되어 있다고 볼 수 있다.

"제주漁民 '예멘인들 얘기도 하지 말라' 어민과 난민은 왜 등 돌렸나"[56]라는 신문 기사의 제목을 살펴보자. 여기에는 '제주도민들이 모두 난민 입국을 반기지 않는다'는 전제가 숨겨져 있으며, 따라서 제주도민과 난민 사이의 갈등을 부추기도록 작동한다. 같은 시기에 등장한 "예멘 난민신청자 2명 설거지 시비 서로 폭행, 현행범 체포"[57]라는 기사 제목은 어떠한가? 이런 기사 제목 역시 '예멘 난민들은 믿을 수 없으며, 폭력적인 존재다'라는 자극적인 내용들을 전제로 하고 이런 선입견들을 조장한다.

심지어 청와대 국민 청원 게시판에는 "이슬람 사람들은 여자를 사람으로 보지 않고 애 낳는 도구로만 생각하는 사람들인데 성범죄는 불 보듯 뻔한 일입니다"[58]라는 난민 수용 반대 의견이 올라왔고, 온라인 커뮤니티인 '네이트 판'에는 "제주도 난민이 (한국 여성들을) 강간하러 왔다는데 사실이냐" "강간 매뉴얼도 있다"[59] 같은 출처 불명의 가짜 뉴스들이 횡행했다.

예멘 난민들을 향한 이런 표현들을 접하게 되면, 청자는 예멘 난민들이 성범죄자이고 폭력적이며 경제적으로 기생하는 위험한 존재라는 믿음을 가지게 되고, 따라서 그들을 추방하고 차별하기를 욕망하게 되며, 나아가 그들을 혐오하게끔 선동될 수 있다. 혐오표현은 이런 식의 선동을 통해 사람들을 혐오발화자들의 믿음-세계, 욕망-세계, 궁극적으로는 혐오-세계로 초대한다. 점점 더 많은 사람들이 혐오에 동참하도록 만드는 것이다.

월드론에 따르면 피해자에게 직접적인 욕설이나 폭언을 하기 위해서가 아니라 가해자 집단을 선동하기 위해 혐오표현을 사용하는 경우, 혐오발화자는 자신들의 동료가 될 수 있는 예비 가해자 집단을 향해서 어떤 메시지를 보낸다. 예컨대 "무슬림과 9·11! 그들을 섬기지 말고 그들에게 말하지 말고 그들을 들이지 말라"라는 혐오적인 표지들은 직접적인 공격 대상인 무슬림뿐 아니라, 공동체 내의 다른 사람들에게 다음과 같은 메시지를 보낸다.

당신들 중에 우리 안의 이들을 원하지 않는다는 데 동의하는 사람들이 일부 있음을 우리는 알고 있다. 또한 그들이 더럽다, 위험하다, 범죄자다, 테러리스트다라고 생각하는 사람들이 일부 있음도 안다. 당신은 혼자가 아니라는 사실을 지금 알아야 한다. 정부가 뭐라고 말하건, 그들을 환영하지 않는다는 점을 확실히 확인시켜 주는 사람들이 우리 주위에 충분히 있다. 그들이 정말 어떤 사람인지에 주목하는 사람들이 우리 주위에 충분히 있다. 당신의 이웃들과 고객들에게 말해라. 무엇보다도 더 이상 그들을 공동체에 들이지 마라.[60]

혐오발화자는 잠재적인 동료들을 향해 "당신은 혼자가 아니다" "더 이상 그들을 공동체에 들이지 마라"라는 암묵적인 메시지를 보내 자신의 혐오에 동참하게끔 선동한다. 월드론은 "이것이 이러한 표지들의 요점이자, 혐오표현의 의미"[61]라고 주장한다.

"당신은 혼자가 아니다"라는 메시지를 보내는 것은 곧 "소수자를 차별하거나 다수자 이웃으로부터 배제하려 드는 자들에게 지지를 보내는 좋은 동조자들이 함께할 것이라는 확신"[62]을 보내고 있는 것을 의미하며, 이는 마치 늑대들이 서로를 부르는 것과도 같다. 인종차별주의자들이나 이슬람혐오주의자들은 서로를 늑대처럼 부르면서, 각자는 고립된 외로운 늑대가 아니라는 메시지를 서로에게 보내고 있는 것이다.

열등한 신분의 창조 : 종속

"호남 출신 사람들은
뽑지 말라"

　소수자에게 언어폭력을 가하거나 그들을 향한 차별을 정당화하고 선동하는 것 이상으로 혐오표현이 갖는 심각한 문제가 있다. 바로 사회적 지위와 정치적 권력에 지대한 영향을 미친다는 것이다. 랭턴에 따르면, 혐오표현은 기존 권력관계에서 종속된 위치에 있는 청자들을 재종속시키면서 일종의 열등한 지위의 신분을 재생산하는 역할을 한다. 이때 종속은 3가지 측면의 조합을 통해 작동한다. ① 소수자들이 열등하다고 서열을 매기고 ranking, ② 그들을 향한 차별을 정당화하며 legitimating, ③ 그들에게서 부당하게 권력을 박탈하는 depriving 것이다. 혐오표현은 이 3가지 작동 방식을 바탕으로 피해자들을 권위와 권력이 박탈된 지위로 종속시키는subordinating 행위다.

"너희 전라도 짐승들은 5,000년 역사를 함께 어울리면서도 길들기는커녕 형님 동생 호칭하면서도 훔치고 사기 치고 뒤통수치는 못된 버릇 가진 놈들 아니더냐" "이제 또 개똥같이 더러운 사투리 좀 내 봐라"[63] 같은 혐오표현들은 특정 지역의 사람들을 열등한 존재로 서열을 매기고 낙인을 찍어서 비하한다. "남자가 책임자다" "여자들은 집안일에서도 실용적인 것들은 잘 못한다"[64]라는 말, 학교 선생님이 "여학생들은 이 과목을 잘 못한다"라고 말하거나 오로지 남학생만 호명하는 것, 직장에서 "여자들이랑 같이 일해야 하는 것보다 더 나쁜 것은 없다"[65]라고 표현하는 것은 여성에게 열등한 등급을 매긴다.

한편 "능지처참을 해도 턱없이 부족한 천하의 역적을 전라인들 모두가 신으로 모시고 존경한다"[66]라는 표현은 특정 지역 출신 사람들에 대한 차별을 선동하고 정당화한다. "호남 출신 사람들은 뽑지 말며 뽑더라도 절대 요직에 앉히지 말라"[67]라는 표현은 표적 집단에게서 채용 및 승진에 관한 실질적인 권력들을 박탈하는 결과를 낳는다.

인종분리정책을 지지하는 남아프리카공화국 입법자의 "흑인들의 투표는 허용되지 않는다"라는 표현도 마찬가지다. 이 표현은 우선 흑인들을 열등한 존재로 서열을 매기고, 다음으로 백인들의 차별적 행동을 정당화한다. 마지막으로는 흑인들에게서 몇몇 주요 권력들을 박탈한다. 이를테면 특정 지역에 갈 수 있는 권한이나 투표할 수 있는 권한 등을 빼앗아 버리는 것이다.

이렇게 혐오표현의 3가지 작동 기제들(서열 매기기, 차별을 정당화하기, 권력을 박탈하기)이 복합적으로 작용할 때, 청자는 종속된다. 믹Mick이라는 가상의 동성애자를 향한 로마 가톨릭교회의 혐오표현을 통해 구체적으로 살펴보자.

> 교회는 동성애자들에게 열등 등급을 매긴다. 최소한 그들 중 일부에게서 권력과 권리를 박탈한다. (예를 들어 동성애자인 믹은 그의 파트너와의 관계에 대한 교회의 축복을 받을 수 없다.) … 가톨릭교회가 "동성애자들은 사실상 정신병을 갖고 있다"라고 권위적으로 말할 때, 동성애자들은 사실상 정신병을 가진 존재로 간주됨으로써 '종속당한다'.[68]

로마 가톨릭교회는 동성애자 개인인 믹에 비해 권위를 가지고 있다. 그렇기 때문에 교회가 "동성애는 정신병"이라거나 "도덕적으로 죄악"이라고 말한다면, 믹은 최소한 교회의 영향력이 미치는 공동체에서는 주변인들에게 실제로 정신병을 가진 사람이나 죄인 취급을 받을 수 있고, 그렇게 간주된다. 따라서 "동성애자이자 가톨릭 신자인 믹은 교회의 관할권 … 안에 있기 때문에, 그가 열등하다는 교회의 권위적인 말하기로 인해 종속당한다."[69]

캐서린 매키넌Catharine A. MacKinnon은 혐오발화자가 청자를 "이들은 이렇다"라고 권위적으로 판정할 때, 그들이 정말로 그런 식으로 여겨지게 된다고 주장한다. 사람들은 혐오표현을 통해 표적에 대한 혐오와 차별을 정당화하게 되며, 그런 대접이 반복될 경우 표적이 된 자들은 스스로 이를 당연한 것으로 받아들여 내면화하게 된다는 것이다. 스스로를 열등하다고 생각하는 장애인, 자신을 부끄러운 존재로 여기며 비하하는 성소수자가 존재하게 된 이유다.

매키넌의 통찰에 영향을 받은 랭턴은 이처럼 혐오표현이 열등한 신분 계급을 만들어 낸다는 주장을 펼친다. 혐오표현이 표적 집단을 2등 시민의 지위로 종속시킬 수 있는 힘을 가지고 있다는 것이다. 이를테면 "설거지를 어떻게 하느냐. 하늘이 정해 놓은 것인데 여자가 하는 일을 남자에게 시키면 안 된다"[70] "동성애는 하늘의 뜻에 반하기 때문에 법적으로 금지가 아니고 엄벌을 해야 한다"[7] 같은 발언들은 여성과 성소수자를 열등한 존재로 간주함으로써, 그들을 2등 시민으로 만드는 데 기여하는 표현이라고 할 수 있다.

표현의 권력은 평등하지 않다

직장 상사의 괴롭힘 중 고함과 막말 또한 일종의 혐오표현이다. 여기에는 "넌 해고야!"와 같이, 노동자의 권리와 권력을 박탈할 수 있는 권위적인 표현이 포함된다. 랭턴은 권위적인 표현을 무언가를 판정하는 '판정발화verdictive'와, 누군가에게 힘을 행사하는 '행사발화exercitive'로 나눈다. 판정발화는 쉽게 말해 무언가를 어떠어떠하다고 판정하는 표현으로서 '세계에-대한-말Word-to-World'이다. 행사발화는 누군가에게 이렇게 저렇게 하라고 권력을 행사하는 표현이다. '말에-대한-세계World-to-Word'라 할 수 있다.

예를 들어 "아웃!"이라는 경기 심판의 말은 볼이 라인 바깥에 있다는 것을 판정하는 판정발화다. 심판은 세계를 보고 나서 "아웃!"이라고 말한다. 그러나 회사의 고용주가 노동자에게 "넌 해고야, 나가. 아웃!"이라고 말하면 그의 말에 들어맞도록 세계가 뒤바뀐다. 즉, 노동자가 해고된다. 똑같은 "아웃"이지만 고용주의 말은 노동자의 권리와 권력을 그 즉시 박탈하는 행사발화인 것이다.

언어와 권력의 관계에 대한 랭턴의 분석은, 한국 사회의 '갑질'이나 권력형 괴롭힘과 관련된 표현들에도 적용될 수 있다. 예컨대 "학교가 어디냐" "어우, 지잡대 냄새" "지방대 가면 불효자" "거기 갈 바에 공무원 공부한다"[72] 같은 지방대학 비하 표현은 지방대학이 열등하다고 판정하는 '판정발화'이며, 기업의 임원이 염색을 하지 않았다는 이유로 노동자에게 해고나 인사 조치를 언급하며 협박을 가하는 발언[73]은 '행사발화'다. 고위급 임원의 딸이 운전기사에게 퍼붓는 "엄마한테 얘기해야 되겠다. 아저씨 진짜 해고될래요?"[74]라는 폭언 역시 '행사발화'에 해당한다고 볼 수 있다. 지방대 학생은 명문대 학생을 '잡대'라고 판정할 수 없으며, 권력이 상대적으로 없는 노동자는 경영자를 '해고'하기 힘들기 때문이다. 이처럼 표현이 갖는 위력은 화자의 권위에 따라 달라진다.

권위를 가진 화자가 명령조로 말하게 되면, 세계는 그의 말에 걸맞도록 스스로 배열을 바꾼다. 국가의 최고 통치자인 대통령이 "본인의 명예를 위해 체육단체장을 하거나 체육단체를 장기간 운영하는 것은 바로잡아야 한다"[75]라고 말한 뒤에 승마협회장은 자리에서 물러나게 되었다. 재벌 회장의 부인이 외국인 가사 도우미가 실수했다는 이유로 "여기 무릎 꿇어" "거지 같은 ○, 죽어라 거지 같은 ○아"[76]라고 하면, 가사 도우미는 무릎을 꿇고 사과를 해야만 한다. 기업 회장이 직원에게 "이 순대 간 색이 맘에 든다" "너는 순대 간 색으로 한번 해 봐"[77]라며 머리를 염색하라는 해괴한 요구를 하면, '을' 신세인 직원은 그런 색깔로 머리를 염색해야 한다.

유명 항공사 부사장이 "이 비행기 당장 세워. 나 이 비행기 안 띄울 거야. 당장 기장한테 비행기 세우라고 연락해" "어따 대고 말대꾸야" "내가 세우라잖아"[78]라고 말했을 때, 비행기는 정말로 움직였다. 수십, 수백 톤 무게의 비행기가 말 한마디에 경로를 바꾼 것이다. 노사 관계에 있어 절대적으로 권위 있는 화자는 손 하나 까딱하지 않고서도 어마어마한 양의 에너지가 들어가는 일을 해낼 수 있다.

언어의 권력은 결코 평등하지 않다. 특정한 표현을 수행하는 데 있어서는 사회적인 '지위'가 중요하다. '화자의 적절성' 여부는 언어의 수행에 있어 주요한 요인인 것이다. 배를 명명할 수 있는 공식적인 지위를 인정받은 적합한 사람이 아니라면, 배를 명명할 수 없다. 결혼식 주례를 보기에 적합한 사람이 아니라면 주례사를 수행할 수 없다. 선박에 이름을 붙이는 언어 행위와 결혼식 주례의 언어 행위는 모두 그 행위를 수행하는 데 적합하고, 수행할 수 있는 지위에 있는 사람만이 행할 수 있다. 언어 속에는 현실의 권력관계가 반영되어 있다.

사회학자 피에르 부르디외Pierre Bourdieu는《언어와 상징권력》에서 언어와 사회적 권력의 관계를 다음과 같이 설명한다.

> 엄격하게 언어학적인 관점에서 보자면, 누구나 무슨 말이든 할 수 있고, 병사가 지휘관에게 "화장실을 청소하라"라고 말할 수도 있다. 하지만 사회학적 관점에서는 ―오스틴은 적절 조건에 대해 숙고하면서 사실상 이러한 관점을 택하는데― 아무나 아무거나 주장할 수 없음이 분명하며, 누군가 그렇게 한다면 그는 모욕당할 위험을 감수해야 한다. … 비현실적인 병사(또는 '순수한' 언어학자)만이 지휘관에게 명령을 내리는 것이 가능하다고 생각할 수 있다.[79]

부하 직원이 상사에게 지시를 할 수 있을까? 학생이 교수에게 하대를 할 수 있을까? 서비스직 노동자가 고객에게 항의를 할 수 있을까? 그렇다고 보는 입장은 부르디외의 표현대로 '순수한' 언어학자 외엔 없을 것이다.

혐오표현이 갖는 힘도 화자의 권위에서 비롯된 것이다. 즉, 혐오발화자 개개인들(예를 들어 백인 남성)은 인종과 성의 권력 게임에 있어서 권위적으로 말할 수 있도록 정당성을 부여받은 자다. 혐오발화자는 표적 집단에 비해 강자의 위치에 있다. 자본가는 노동자에 비해, 이성애자는 동성애자에 비해, 백인은 흑인에 비해, 남성은 여성에 비해 더 많은 권력을 제도와 담론으로부터 부여받고 있다. 이러한 권력관계의 비대칭으로 인해 강자는 소수자에게 혐오표현을 행할 수 있지만, 소수자는 강자를 향해 혐오표현을 행하기 힘들다. 표현할 수 있는 능력은 정치적 권력의 표지인 것이다. 앞에서 보았듯이, "흑인들의 투표는 허용되지 않는다"라는 인종 혐오표현을 사용할 수 있는 자들은 권위를 가진 자, 즉 남아프리카 공화국의 입법자들이었다.

랭턴은 누군가는 말할 수 있고, 누군가는 말할 수 없는 언어 행위에 '권위적인 발화수반행위'라는 이름을 붙인다. 계급을 생산하고 종속시키는 힘은 혐오발화자의 '사회적 권위'에서 기인한 것이라는 전제를 깔고 있는 것이다. "화자의 권위적인 역할은 그 역할을 차지하지 못한 누군가가 행했다면 부재했을 어떤 힘을 그 발언에 주입"[80]한다. 민중은 "민중은 개돼지다"라는 표현을 할 수 없다. "걸레" "조신" "병신"과 같은 표현 또한 특정 집단만이 주로 사용할 수 있으며 특정 집단에게만 향한다.

분석철학자 제니퍼 혼스비Jennifer Hornsby는 백인과 흑인, 동성애자와 이성애자, 여성과 남성의 권력은 비대칭적이기 때문에 여성이 남성에게, 동성애자가 이성애자에게, 흑인이 백인에게 욕설을 행하는 것은 강도와 양에 있어서 한계가 존재한다고 주장한다. 인종 혐오표현들은 흑인들을 향해 가해지지, 백인들에게 가해지지는 않는다는 것이다.

물론 그는 흑인 집단도 백인들을 향해 경멸적인 용어를 사용할 수 있다는 것을 인정한다. 흑인 집단들이 비하적인 용어를 전유하여 그것의 의미를 바꿀 수도 있다는 것 역시 인정한다. 그러나 욕설을 주로 듣는 자들은 이미 정치적인 조건과 차별적인 관습에 의해 패배하는 진영에 속해 있기 때문에, 권력을 가진 집단을 비방하기가 쉽지 않다고 설명한다. 따라서 "내가 당신을 모욕하기 위해 사용할 수 있는 낱말은 존재하지만 당신이 나를 모욕하기 위해 사용할 수 있는 낱말이 없다면, 직접적인 의미에서 말대꾸 같은 것은 없다"[81]라고 주장한다.

정치학자 캐서린 겔버Katharine Gelber 역시 유사한 주장을 펼친다. 그에 따르면, "일부 사람들이 거세고 강경하게 네오나치(제2차 세계대전 이후 나치즘을 신봉하고 그 부활을 도모하는 사람들) 그룹에 반대하며 심지어 그들을 침묵시키고자 하지만, 네오나치 그룹은 자신들이 체계적인 차별을 받고 있다는 주장을 정당하게 행할 수 없다. 반대자들이 네오나치의 신념과 실천을 아무리 강하게 비판한다 하더라도, 네오나치에 반대하는 표현은 그들을 향한 체계적인 인종차별을 자행하지도, 영속화하지도, 주장하지도 않기 때문"[82]이다.

성적 대상화의
문제

청자를 종속시키는 혐오표현의 작동 기제가 포르노그래피Pornography와 동일하다고 보는 이론가들도 있다.[83] 예컨대 철학자 애비게일 레빈Abigail Levin은 포르노그래피와 혐오표현을 "다수자의 헤게모니적인 권력의 목소리"라고 일컬으며, 두 가지 모두 권력을 가진 다수자와 지배 집단의 이익을 특권화하고 옹호하게 하기 위하여 작동한다고 주장한다. 포르노그래피는 여성에 대한 허위사실을 유포하는 일종의 혐오표현이며, 여성들이 이용할 수 있는 사회적 선택과 기회의 범위를 좁힘으로써 여성이 자신의 목표를 추구하거나 특정한 사회적 역할을 수행하는 것을 방해한다는 것이다.

무엇보다도 포르노그래피의 문제는 여성들을 인격을 가진 동등한 인간이 아닌, 성적으로 대상화Objectification한다는 데 있다. 사진작가 R의 작품 사례를 보자. 그는 주로 소녀를 대상으로 한 사진 작품들로 폭발적인 인기와 반응을 끌었다. 그런데 '소녀들의 순수함을 표현하는 예술 작품'이라는 작가의 설명과 달리, 작품에 출연한 어린 소녀들은 어딘가 수상해 보인다. 티셔츠나 교복, 짧은 운동복 등을 입은 소녀들은 대부분 수동적이고 수줍어하는 포즈를 취하고 있다. 노골적이지는 않지만 약한 수위의 노출도 보인다.

작가 R의 사진들은 여성에 대한 성적 대상화와 소아성애 paedophilia, 여성 혐오를 부추기는 작품이라는 논란들로 점철되었다. 한 현대미술 큐레이터는 수동적이고 무해한 이미지의 어린 소녀를 다룬 R의 작품이 '여성에 대한 성적 대상화'라는 이성애 남성들의 욕망을 보여 준다고 논평했다. "대부분의 남성들은 능동적이고 주체적으로 자신의 욕망을 드러내는 여성에게 '기가 세다'는 식의 단서를 달아 불편해하면서, '내 맘대로 할 수 있는 것 같은 만만한 대상'"을 원하며, "이들에게 여성은 고작해야 나의 성욕을 풀기 위한 '섹스 돌'에 불과할 뿐 능동적으로 사고하고 행동하는 인간이 아니라는 것"이다.[84]

R의 작품에 등장하는 소녀들은 욕망을 가진 주체라기보다 수동적이고 무해해 보이도록 대상화된 피사체라는 지적처럼, 여러 포르노그래피 연구자들은 포르노그래피가 여성들을 성적으로 대상화한다고 주장한다. 예컨대 페미니즘 이론가 앨리슨 애시터Alison Assiter는 "많은 포르노그래피 속에서 사람들(보통 여성들)은 다른 사람을 위한 대상이 된다 … 포르노그래피의 경우한 사람은 다른 사람이 원하는 몸이 되지만, 이것은 상호적이지않다"[85]라고 주장한다. 포르노그래피 속의 여성 역시 욕망을 가진 주체라는 사실을 인식하지 못하고 그를 단지 다른 사람이 사용하는 어떤 몸으로서만 취급하는 것은, 그녀를 어떤 노예로, 인간 이하의 피조물이나 사물로 삼아 인간으로서의 존엄성을 침해하는 것이다.

매키넌은 포르노그래피 작품 속에서 볼 수 있는 이런 대상화의 문제를 철학자 임마누엘 칸트Immanuel Kant의 도덕철학을 활용하여 분석한다. "칸트적인 견해로 볼 때, 사람은 수단이 아니라 자신의 존재가 목적 그 자체인 자유롭고 합리적인 행위자다. 그러나 포르노그래피 속에서 여성은 남성 쾌락의 목적으로 존재"한다는 것이다.[86] 즉, 포르노그래피는 성욕을 충족시키기 위해 여성들을 단순한 도구로 취급하기 때문에 여성을 자유롭고 평등한 인격체로 인정하지 못하며, 최악의 경우 여성을 비인간화하고 피해자화를 조장한다. 이렇게 여성에게 열등한 등급을 매긴다는 점에서, 포르노그래피는 혐오표현이 갖는 종속 기능을 공유하고 있다고 볼 수 있다.

묵살과 왜곡의 이중주 : 무시

"그냥 밥하는
아줌마들"

한 정치인은 외교부 장관 후보자가 된 여성의 인사 청문회를 앞두고 "국방을 잘 아는 '남자'가 외교부 장관을 해야 한다"[87]라는 발언을 해서 물의를 일으켰다. 이후에는 학교에서 근무하는 비정규직 급식 노동자들의 파업을 두고서 "아무것도 아니다. 그냥 급식소에서 밥하는 아줌마들" "옛날 같으면 그냥 조금만 교육시켜서 시키면 되는 거다. 밥하는 아줌마가 왜 정규직이 되어야 하는 거냐?"[88]와 같은 막말을 쏟아 냈다. 이 발언이 논란이 되

자 '밥하는 아줌마들'은 '어머니'라는 뜻이었다며 궁색한 변명을 늘어놓기도 했다.[89]

이런 표현들에서 알 수 있듯이, 여성들은 쉽게 무시당하는 존재다. 비정규직 여성 노동자들의 호소는 '그냥 밥하는 아줌마들'의 무식한 견해로 묵살되며, 제아무리 국제 정치 무대에서 활약했던 전문가라 하더라도 국방이나 외교를 잘 모르는 존재로 폄하된다.

반면 양복을 빼입고 넥타이를 착용한 중년 남성의 발언은 훨씬 더 신뢰할 만하며 논리적이라고 여겨지는 경향이 있다. 사람들은 화자가 자기보다 직업이나 학벌이 좋지 않거나 어리면, 그의 말을 귀담아듣지 않고 깔보기도 한다. 교수, 판사에겐 직업에도 '님' 자를 붙여 가며 공손하게 존대하지만, 나이 어린 아르바이트생에게는 하대하고 멸시하는 것이다.

분석철학자 캐롤라인 웨스트Caroline West에 따르면, 자신의 말을 주목하게 하고 고려하도록 만들 수 없다는 것은 권력이 없다는 징표이자 권력이 없는 자에 해당한다는 징표다. 자신의 말이 대개 무시당하거나 가볍게 묵살당하는 자들은 권력을 가진 자들이 하는 것처럼 다른 이들의 믿음과 태도에 영향력을 끼치는, 그리고 이를 통해 그들을 둘러싼 사회에 영향을 주는 표현을 사용할 수 없다.

일반적으로 여성의 표현은 남성의 표현에 비해 주목을 덜 받는다. 예를 들어 주방 세제의 장단점과 같이 여성들이 특별한 전문성을 갖는다고 상정되는 영역을 제외하면 말이다. 이 경우 여성은 일반적으로 남성들보다 좀 더 신뢰할 수 있는 화자로 판단될 수 있다. (흰색 실험복을 입고 있는 남성과 비교될 때를 제외한다면 말이다.) 그러나 어떤 여성이 정치 정책이나 경제 정책에 대해 정통이 아닌 의견을 표현하는 경우엔 그렇지 않다. 사회적이고 정치적인 변화를 야기하는 데 핵심적인 영역에서, 집단으로서의 여성들은 남성에 비해 전문적이지 못한 것으로, 따라서 그들의 견해는 덜 정확한 것으로 판단될 수 있다.[90]

권력을 가진 사람들은 일반적으로 좀 더 많은 것을 행하고, 좀 더 많은 것을 말할 수 있으며, 자신의 말을 권력이 없는 자들의 말에 비해 좀 더 가치 있는 것으로 만들 수 있다.[91] 주로 말을 많이 하는 쪽은 권력을 가진 집단이고, 일방적으로 들어야 하는 쪽은 약자인 경우가 많다. 학창 시절 듣기 싫은 교장 선생님의 훈화 말씀을 어째서 듣고 있어야만 했는지를 떠올려 보면 된다. 사회에서 주로 마이크를 쥐고 있는 쪽은 권력을 가진 자다.

　문제는 그들의 표현이 소수자를 침묵시킨다는 것이다. 화자가 권력관계에서 상대적으로 우위를 점하고 있는 자라면, 그의 어떤 표현은 때로 권력이 없는 자들의 표현을 묵살할 수 있는 힘을 가진다. 따라서 랭턴은 "언어 행위의 수행 능력은 정치적 권력의 척도일 수 있다. 역으로, 권력이 없다는 것에 대한 하나의 징표는 권력을 가졌다면 수행할 수 있었을 언어 행위를 수행할 수 있는 능력이 없다는 것"[92]이라고 주장한다.

　후임병이 고참에게 행하는 항의나 거절은 제한적일 수밖에 없으며 사실 거의 불가능하다. 부장은 여직원에게 "가서 커피 좀 타 와라"라고 명령할 수 있지만, 여직원은 부장에게 "가서 커피 좀 타 와라" 하고 명령할 수 없다. 대학교 교양 수업에서는 동성애에 대해서 찬반 토론을 행하지만, 이성애에 대해서 찬반 토론을 행하지는 않는다. 이성애를 찬성하고 반대하는 사람이 있단 말인가?

　많은 사람들이 "그때 왜 거절하지 못했냐" "왜 항의하지 못했냐" "너도 책임이 있다"라며 성폭력, 데이트폭력 피해자들을 비난한다. 그러나 웨스트나 랭턴의 이론을 통해 알 수 있듯이, 어떤 화자는 자신의 위치로 인해 거절이나 항의를 하기 힘들다. 따라서 피해자에게 책임을 돌리고 잘못을 탓하는 '피해자 비난하기victim blaming'는 또 다른 폭력이다. 성폭행 피해나 데이트 폭력으로 인해 괴로워하는 여성에게 "왜 적극적으로 저항하지 않았냐"라고 비난하는 것은 여성들이 특정 상황에서 침묵당하기 때문에 항의, 경고 등의 언어 행위를 수행할 수 없다는 점을 도외시하는 것이다. 차세대 대권 후보로 주목받던 도지사의 성폭력을 세상에 알린 피해자 여성도 다양한 2차 가해에 시달려야 했다. 한 기초위원은 성폭력에 대한 증언이 기획, 제작된 것이라며 음모론을 폈고, 어떤 지역당 간부는 고발의 진위를 의심하고 폄하하는 발언을 SNS에 올렸다. 피해자에게 연대하기는커녕 그를 비하하고 모독한 것이다.[93·94]

이처럼 여성은 자신의 성폭력 경험을 간신히 털어놓는다 하더라도, "그런 일 없었어" "네 상상일 뿐이야" "너도 즐긴 거 아냐?"라는 말을 듣기 쉽다.[95] 여성이 차별과 억압에 대해 말할 때 사람들은 "피해 의식이다" "과민 반응이다" "네가 꼬리를 쳤겠지"라는 식으로 반응하곤 한다. 피해 여성들의 증언을 믿지 않는 것은, 그들을 이중으로 침묵시키는 것이다.

언어가 있어도 말할 수 없는
이유

혐오표현을 갑작스럽게 맞닥뜨린 피해자들은, 순간적으로 대응할 수 있는 말을 상실한다. "너도 게이냐"[96]라는 식으로 본인의 의사와 달리 성적 지향을 폭로당하거나 추궁당할 때, 성소수자는 침묵할 수 있다. 인종 혐오표현을 연구한 찰스 로런스Charles Lawrence에 따르면, 평소에 이성적인 사람이라 할지라도 혐오표현의 기습을 당할 경우 예상 밖의 공격에 대응할 수 있는 논리적 판단을 할 수 없게 된다. 그는 "여성과 소수자들은 종종 차별적인 언어적 공격에 직면했을 때 자신이 말하지 못하게 되었음을 발견한다고 보고한다"라고 설명하면서, 자신의 학생 중 한 명인 마이클이 지하철에서 만난 낯선 남성에게 "호모 새끼"라는 혐오표현을 들었던 사례를 이야기한다.

그는 자신이 충격, 구역질, 어지러움을 느끼게 되었다는 것을 알게 되었고, 그가 익숙하게 발휘하곤 했던 재치, 빈정거림, 명쾌한 응수를 할 수 없다는 것을 알게 되었다. … 충격이 가라앉고 말할 수 있는 능력이 돌아온 지 몇 시간이 지난 후에도, 그는 어떠한 대응도 "호모"라는 한 단어로 전달된 수백 년의 사회적

명예훼손을 반박하기엔 적절하지 않다는 것을 깨달았다.[97]

　　로런스는 혐오표현의 기습적인 공격에 피해자들이 곧바로 응수하기란 불가능하다고 주장한다. 불시의 공격으로 대응할 말을 잃어버린 피해자들은 싸움이나 논쟁보다는 침묵이나 도피를 선택한다는 것이다. 갑작스러운 혐오표현의 공격에 맞부닥뜨렸을 때 피해자들이 느끼게 되는 공포, 분노, 충격과 같은 본능적이고 방어적인 심리적, 감정적 반응이 이성적인 대응을 힘들게 만들기 때문이다.

　　"껌둥이" "유대인 놈" 그리고 "호모"와 같은 말들은 피해자들을 일시적으로 불구로 만드는 육체적인 징후들을 생산하며, 가해자는 종종 이와 같은 효과를 생산하려는 의도로 이런 말들을 사용한다. 많은 피해자들은 비열한 공격자가 떠나고 그 공격이 한참 지나간 후에도 대응할 말들을 찾지 못한다.[98]

　　어떤 피해자들은 혐오표현에 반응하지 않는 것을 선택하기도 한다. "모욕적인 공적 발언에 대한 대응, 반응, 저항Power in Public: Reactions, Responses, and Resistance to Offensive Public

Speech"이라는 논문을 통해 모욕적인 표현에 대한 피해자들의 대응 방식을 연구한 로라 베스 닐슨Laura Beth Nielsen에 의하면, 성적으로 외설적인 말의 대상이 된 여성들 대부분은 그런 말을 그냥 무시한다. 이유는 다양하다. 일부는 대응하고 나서의 결과가 두려워서 그런 말을 무시하고, 일부는 수치심을 느끼기 때문에 무시하며, 일부는 말싸움하는 게 시간 낭비라고 생각하거나 혐오발화자들을 일깨워 주는 건 자신의 역할이 아니라고 생각해서 무시한다.

혐오발화자들은 보통 혐오표현을 통해 어떤 관심이나 반응을 원하는데, 거기에 휘말려서 반응을 보이는 것은 그들의 의도에 맞춰 주는 것이라고 생각해서 혐오표현을 대수롭지 않게 여기고 무시하는 사람들도 있다. 닐슨에 따르면 "여성들이 때때로 혐오 코멘트들을 무시하기로 결정하는 것은 일종의 숨겨진 저항, 혹은 최소한 반항이다. … 그런 표현들을 무시함으로써, 이 여성들은 자신들이 믿기에 화자의 진짜 욕망을 좌절시키는 가장 효과적인"[99] 대응을 하고 있는 것이다.

닐슨의 경험적인 연구는 국내의 혐오표현 실태를 조사한 국가인권위원회 보고서(2016)의 결과와 일치한다. 보고서에 따르면, 소수자는 혐오표현 및 혐오표현을 가능하게 만든 차별적인 상황의 시정과 개선을 위해 조치를 취하는 것이 어렵다. 항의하거나 대처할 때 도리어 추가적인 혐오표현을 듣게 되거나, 자신의 가족이나 커뮤니티에 끼칠 영향을 우려하여 그냥 참기 때문이다. 적극적으로 대처하려고 했음에도 공공 기관에서 필요한 조처를 제대로 마련해 주지 않는 경우도 있다.

예컨대 한 지체장애인 여성은 지하철에서 "휠체어는 얼마냐" "집은 어디냐" "누구랑 같이 사냐"라는 질문을 들어야 했다. 이에 여성이 "아니, 왜 그런 게 궁금하세요?" "저는 하루에도 수십 번 이런 질문들을 들어요"라고 항의하자, 혐오발화자는 "얼굴은 예쁘게 생겼는데, 세상 참 힘들게 산다"[100]라며 또 다른 혐오표현을 했다.

이주민 남성은 자신의 자녀가 학교에서 혐오표현과 집단폭행을 겪자, 그 일을 항의하기 위해 교장을 만났다. 하지만 교장은 "우리는 ○○를 감당 못한다, ○○를 전학시켜라"[101]라며 적반하장으로 나왔다. 학교 내에서 벌어진 폭력과 차별 사건을 해결해야 할 공공 기관의 장이 오히려 사태를 방치하고 무마시키려 들었던 것이다. 결국 이주민 남성은 아이와 아내를 이민 보내게 되었다. 이처럼 많은 피해자들은 추가적인 혐오표현에 직면하거나, 공공 기관이 의무를 방기하거나, 주변에 끼칠 피해에 대한 두려움이나 우려로 인해 대응을 포기한다.

《말을 가지고 행위하는 법》이라는 오스틴의 저서 제목은, 표현의 자유를 누리고 있지 못한 소수자들에게는 일종의 넌센스다. 언어가 행위라고? 아니, 그건 최소한 누군가에게만 그렇다! 소수자들은 언어를 가지고도 무언가를 행할 수 없다. 혐오표현은 일종의 '침묵시키는 말'이기 때문에, 소수자들이 언어 행위를 할 수 없게 만든다. 이들에게는 '표현의 자유'란 없는 것이다.

그들이 원한
것이다?

한 정당의 시의원 후보는 지방선거를 앞두고 자신의 소셜 미디어 계정에 "당선 가즈앙기모띠"라는 표현을 올려 논란이 되었다. 이 후보가 사용한 "앙기모띠"라는 표현은 일본어 "기모찌이이(気持ちいい, 기분이 좋다)"라는 말에서 유래한 것으로, 사실 일본의 성인물에 빈번하게 등장하는 말이기도 하다.[102] 다분히 성적인 의미를 담고 있는 이 표현은 이제 초등학생 사이에서도 자연스럽게 사용되고 있다.[103·104] 포르노그래피에서 파생된 "앙기모띠" "야메떼(やめて, 그만해)" 같은 표현들이 초등학생들의 사고와 가치관 형성에도 영향을 끼치고 있는 것이다. 이런 표현들은

혐오표현과 마찬가지로 여성들을 침묵시킬 수 있다.

랭턴은 표현행위론을 활용해 포르노그래피가 여성들을 어떻게 침묵시키는지를 드러낸다. 그에 따르면, 포르노그래피는 특정 성행위를 재현하는 발화행위적인 기능과 특정 시청자를 자극하고 여성에 대한 태도를 형성하는 발화효과행위적인 기능을 한다. 그러나 무엇보다도 포르노그래피는 여성에 대한 잘못된 정보를 제공하고 여성에게 명령을 하며, 특정 행동을 승인하는 것과 같은 발화수반행위적인 기능을 한다.[105] 포르노그래피는 여성에 대한 잘못된 생각이나 행위를 지지하거나 권장하거나 명령하기 때문에, 포르노그래피에 노출되어 편견을 갖게 된 사람들은 성폭력 피해자들이 피해 사실을 증언할 때도 진실성을 의심하거나 왜곡함으로써 여성들을 침묵시킨다.[106] 결국 "성적 학대로 남성을 고발하는 여성들은 신뢰를 받지 못한다. 그들에 대한 포르노적인 견해는 다음과 같다: 여성들이 원한 것이다. 여성들 모두가 원한 것이다".[107]

포르노그래피는 여성들이 일상적으로 사용하는 표현의 발화수반행위적인 기능을 박탈하기도 한다. 흔히 여성이 "안 돼요"라고 거절하는 것은 "돼요"를 의미한다는 잘못된 편견이 바로 일상언어가 왜곡된 사례다. 포르노그래피는 여성이 "안 돼요"라고 거절을 했다가도 이내 굴복하거나 교태를 부리는 것으로 그림으로써 이런 편견을 강화한다. 혼스비는 포르노그래피 속에서 여성들이 하는 "안 돼요"라는 말은 거절 행위가 아니라 앙탈 행위로 여겨지게끔 만들어진다고 지적한다. 이런 포르노그래피에 노출된 사람은 여성이 "안 돼요"라며 성행위에 참여하지 않으려는 의사를 명시적으로 밝혀도, 여성이 솔직하지 못하거나 내숭을 떤다는 식으로 생각하게 된다는 것이다.[108]

많은 학자들은 앞서 논의했던 혐오표현의 기능들, 즉 ① 직접적으로 피해자들을 모욕하고, ② 부정적인 편견과 차별을 선동하며, ③ 권리와 권력을 박탈하거나, ④ 피해자를 침묵시키는 행위들을 포르노그래피도 공유하고 있다고 생각한다. 이들은 남성의 욕망이 투영된 포르노그래피가 남성이 여성의 표현들을 오독하고 무시하도록 허용하는 사회적 규범을 강화한다고 강조한다. "노"가 "예스"로 뒤바뀌는 것처럼, 포르노그래피는 여성들의 거절이나 항의 같은 중대한 표현행위를 왜곡하거나 침묵시키며, 이렇게 포르노그래피가 여성들의 의사소통을 방해한다면, 여성들은 더 많은 표현more speech으로 포르노그래피의 해악에 대항할 수 없고 오로지 포르노그래피를 억누름으로써만 대항할 수 있다.

혐오표현에 더 많은 표현으로 대응할 수 없다는 주장은 과
연 타당한 것일까? 철학자 주디스 버틀러Judith Butler는 이러한
주장들을 거부한다. 물론 인종 혐오표현, 여성 혐오표현, 동성애
혐오표현 등은 모두 상처를 주며, 당연히 강하게 반대해야 한다.
그러나 비관적인 견해는 소수자들을 무기력한 피해자에 위치시
킬 뿐이다. 혐오표현이 상처를 줄 수 있는 권력을 어디에서 이끌
어 내는지를 분석하고 이해하는 것과, 상처를 주는 힘에 대항하
는 것이 무엇을 의미하는지를 상상하는 것은 별개의 문제다.[109]

혐오표현에 맞선다는 것은 어떤 의미이며, 어떻게 맞설 수
있을까? 다음 장에서 다룰 '대항표현'의 정의와 기능들을 통해
저항의 가능성을 모색해 보자.

생각해
볼
문제

어떤 게 혐오표현일까?

'나는 동성애자를 걱정해서 반대하는 것이지 혐오가 아니다'라거나 '나는 여성을 좋아하는데 내가 혐오자라니 말이 안 된다'라는 통념이 있다. "단순히 당신이 기분 나빴다고 전부 혐오표현이냐" "나는 혐오하려던 게 아니라 칭찬하려는 의도였다"라는 반문도 존재한다. 혐오표현을 좁게 해석할 경우 발생하는 문제들이다. 혐오표현은 단순히 화자가 혐오의 감정을 드러낸 표현이나, 혐오할 의도가 없었는데 청자가 불쾌해하는 표현이 아니다.

혐오표현의 정의는 화자와 청자의 관계에 따라 크게 5가지 입장으로 나눌 수 있다. 첫 번째는 혐오표현이란 결국 청자가 듣기에 '혐오스러운 표현hateful speech'이라는 입장이다. 즉, 청자가 듣기에 그 표현이나 그 표현을 행한 화자에게 혐오감이 드는 표현이 '혐오표현'이라는 것이다. 세월호 유가족들을 조롱하던 일간베스트(일베) 회원들의 폭식투쟁을 많은 사람들은 매우 혐오스럽다고 생각한다. 따라서 일베의 폭식투쟁은 '청자가 듣기에 혐오스러운 표현'이라고 할 수 있을 것이다.

화자의 '혐오가 들어 있는 표현hate-filled speech, hate-laden speech'이 혐오표현이라고 보는 입장도 있다. 혐오표현 속에는 화자가 대상에게 가지고 있는 혐오가 직접적으로 들어 있다는 견해다. 이를테면 "예멘 난민들은 테러리스트거나 미개하기 때문에 추방해야 한다"라는 혐오표현은 화자의 혐오를 직접적으로 드러내기 때문에, '혐오가 들어 있는 표현'이라고 할 수 있다.

세 번째 입장은, 혐오표현이란 화자의 '혐오가 동기가 된 표현hate-fuelled speech'이라는 것이다. "5·18 광주민주화운동은 북한군의 개입"이라는 혐오표현을 살펴보자. 이 표현은 내용만 놓고 보았을 때는 호남 사람을 향한 혐오가 직접적으로 드러나 있지 않지만, 호남 사람을 향한 화자의 혐오가 동기가 된 표현이다. 화자가 혐오를 가지고 있는 것은 두 번째 입장(혐오가 들어 있는 표현)과 같지만, 세 번째 입장은 혐오의 동기만 있으면 될 뿐 꼭 그 표현 자체에 혐오가 들어 있지 않아도 된다고 간주한다. 예컨대 일부러 청자가 동성애자임이 드러나도록 "너 동성애자라며? 힘내"라고 표현하는 경우, 표현 자체는 응원하는 듯 보이지만 사실 화자의 동기에는 혐오가 숨겨져 있을 수 있기 때문이다.

네 번째는 혐오표현이란 화자가 '혐오를 선동하는 표현 hatred-inciting speech'이라는 입장이다. 청자가 화자 또는 표현에 대해서 혐오감을 느끼는 것이 아니라, 화자가 혐오표현의 대상이 된 누군가에 대한 혐오를 부추기는 표현이라고 본다는 점에서 첫 번째 입장(청자가 듣기에 혐오스러운 표현)과 차이가 있다. "동성애를 찬성하면 남자 며느리가 집안에 들어오게 된다"라는 식의 표현이 이에 해당된다고 할 수 있다.

이 모든 표현들이 전부 혐오표현이라는 입장도 있다. 혐오표현은 모욕하기, 폄하하기, 비하하기, 조롱하기, 오인하기, 낙담시키기, 희롱하기, 박해하기, 위협하기, 도발하기, 혐오·차별·폭력을 선동하고 정당화하거나 미화하는 표현행위들이 전부 혐오표현이라는 입장이다.[10]

어떤 것이 '혐오표현'일까? ① 혐오스러운 표현? ② 혐오가 담겨 있는 표현? ③ 혐오가 동기가 된 표현? ④ 혐오를 선동하는 표현? 아니면 ⑤ 이 모든 표현?

Counter

2

모욕당하고 배제된
타자들의 이름
되찾기

대항표현

Speech

혐오표현은 비록 침묵시키고자 하는 행위이기는 하지만,

침묵당한 자의 어휘 내에서 예상치 못한 응수로서 회복될 수 있다.

–

주디스 버틀러, 《격분시키는 말》

"말speech"이 문제와 해결

둘 다에 핵심인 것이다.

–

캐서린 겔버, 《말대꾸》

세상에 혐오표현을 듣기 좋아서 듣는 사람은 없을 것이다. 승객이 버스 등에서 자기가 싫어하는 음악이나 광고를 꼼짝없이 듣게 되는 것처럼, 어쩔 수 없이 혐오표현에 '사로잡힌 청중captive audience'이 되는 것이다. 혐오표현을 듣게 된 사람들은 그 표현을 무시하거나 내버려 두기 쉽지만, 그들이 무시하는 것이 곧 혐오표현에 동의함을 의미하지는 않을 것이다. 오히려 혐오표현에 누구보다도 반박하기를 원할 것이고, 실제로 대응하는 사람도 많다.

예컨대 "우리나라에 그동안 기여한 것이 없는 외국인들에게 산술적으로 똑같이 임금 수준을 유지해 줘야 한다는 것은 공정하지 않다"는 혐오표현에 대해, "외국인 노동자가 국내 경제에 기여하는 바가 없다는 것부터 심각한 사실 왜곡이자 명백한 혐오표현"[1] "3D 업종에서 일하는 외국인 근로자들이 국내 산업 현장에 기여하는 바가 적지 않은데, 이를 무시한 발언"[2]이라고 '말대꾸'하고 '맞받아치는' 것이다. 이렇게 혐오에 대항하는 표현을 '대항표현Counter Speech'이라고 한다.

표현의 자유 및 대항표현을 연구한 캐서린 겔버에 따르면, 2가지 동기가 대항표현을 촉진시킨다.

> 의사소통적인 대응에 참여하는 것을 선택할 수 있는 화자는 2가지를 행하려는 것일 수 있다. 첫째는 그 언어 행위 내에 포함된 타당성 주장을 논박하고자 하는 것, 둘째는 어떤 대응의 개발과 형성에 대한 적극적인 참여를 통해 혐오표현 행위의 발화효과적인 영향들을 '무효화'하거나 그에 대항하고자 하는 것이다.[3]

즉, 대항표현을 하는 자들은 혐오발화자의 주장을 논박하는 것, 그리고 혐오표현의 발화효과행위적 해악을 경감시키는 것에 관심이 있다. 혐오표현이 ① 불평등, ② 차별 지지 및 실행, ③ 혐오와 관련이 있는 표현이라면, 대항표현은 이것들 각각의 대응쌍인 ① 평등, ② 차별 반대, ③ 역량 강화와 관련이 있다.[4]

워마드가 행하는 "똥꼬충(남성 동성애자)"이라는 표현은 어떨까? 이런 표현도 대항표현이라고 볼 수 있을까? "남자가 조신해야 한다" 같은 메갈리아의 미러링과 달리, "똥꼬충"과 같은 표현은 여성혐오에 대항한다는 당초의 취지에서 벗어나 성소수자를 비하하고 배제한다. 이러한 워마드식 미러링은, 또 다른 불평등과 차별을 지지하고 실행하기 때문에 평등을 지향하고 차별에 반대하는 대항표현이라고 하기 어렵다.[5]

차별과 폭력을 무효화하는 행위

말대꾸의 세 가지

도구

대항표현이 중요한 이유는 무엇보다 혐오표현이 소수자들을 침묵시킨다는 데 있다. 표현이 인간 역량 발전에 핵심적인 조건이라는 점에서, 표현을 할 수 없게 만든다는 것은 현실적이고 잠재적인 삶의 질을 손상시키는 것과 같다. 이때 대항표현에 참여하는 것은 "말하기의 과정에 직접적으로 관여하여 혐오발화자의 불평등한 주장을 논박하고 종속적인 침묵 효과를 극복할 수"[6] 있게끔 해 준다.

대항표현을 통해 소수자들은 침묵을 극복하고 맞받아치면서 말할 수 있는 역량을 강화해 나갈 수 있다. 언어적 역량의 강화는 정치적 권력의 강화와도 관련된다. 시민들은 대항표현에 참여함으로써 "혐오표현 속에 포함된 차별의 영향력에 대응하도록, 그리고 논박을 추구하도록 권력을 강화하게 되기" 때문이다.[7] 대항표현은 불평등했던 화자의 언어적 역량을 강화하고, 나아가 정치적 권력의 신장이라는 중대한 기능들을 실현할 수 있도록 해 주기 때문에, 법적인 규제에 비해서 부작용이 없는 매우 근본적인 해결책일 수 있는 것이다.

그렇다면 대항표현은 구체적으로 어떻게 할 수 있을까? 겔버는 철학자이자 사회학자인 위르겐 하버마스Jurgen Habermas의 '의사소통행위이론Communicative Action Theory'을 활용하여 혐오표현에 3가지 방식으로 대응할 수 있다고 주장한다.

하버마스에 따르면, 화자는 의사소통을 할 때 어떤 주장을 제기한다. 그는 이 주장을 '타당성 주장validity claims'(1984:305)이라고 부른다. 타당성 주장은 3가지로 구분될 수 있다. 즉, 어떤 표현을 할 때 화자는 ① 객관세계의 사실성Truthness에 대한 주장을 하거나, ② 상호주관적인 규범 및 가치의 정당성Rightness

에 관한 주장을 하거나, ③ 화자 자신의 주관성에 대한 진정성 Sincerity과 관련된 주장들을 행한다.[8] 쉽게 말해 화자가 어떤 발언을 할 때면 그는 객관적인 사실에 관한 이야기를 하든지, 상호주관적인 규범 및 가치에 대한 이야기를 하든지, 화자 개인의 주관적인 내면에 관련된 이야기를 한다는 것이다. 따라서 하버마스는 화자의 타당성 주장을 사실성, 정당성, 진정성의 차원에서 분석할 수 있다고 설명한다.

객관적 정황의 재현 : 사실성

거짓에 기초한 혐오표현의 논박

사실성Truthness이란 어떤 객관세계, 즉 '우리를 둘러싼 세계' 속의 사태를 재현하는 것을 뜻한다. 이러한 사실성 주장들은 경험적인 고찰을 통해 평가 가능하다. 예컨대 거짓 주장을 논박할 수 있는 사실을 입증해 줄 수 있는 근거나 증거를 제시함으로써 반박하는 것이다. 겔버는 실제 객관세계의 '사실성'을 통해 반격하는 사례를 제시한다.

어떤 사람이 동료에게 "당신은 바보야(You're an idiot)"라고 말했을 경우, 그 동료는 3가지 타당성 주장들에 근거하여 그 발언을 거부할 수 있다. 첫째, 그 동료는 "아니요, 전 올해 모든 시험에 합격했습니다"라고 말함으로써 객관세계 속의 사실Truth을 재현하고 있는 화자의 주장을 이해함에도 불구하고 거부할 수 있다.[9]

2015년, 한 정당의 의원들은 "북한이 600명의 특수부대를 침투시켜 광주를 점거하고 무장 봉기를 일으켰으며 시위를 지휘하고 계엄군을 폭행했다"고 주장하는 군사평론가를 '5·18 진상규명 대국민공청회'라는 이름의 공청회에 초청했다. 이 군사평론가가 5·18 민주화운동 당시의 시민들과 시민군의 사진이 북한군의 얼굴 사진과 유사하다는 근거로 그들이 5·18 때 광주에 내려온 북한특수군이라고 매도해 왔기 때문이다.

이런 식으로 역사적인 사실을 부정하거나 왜곡하는 것을 '역사부정 표현'이라고 한다. 많은 혐오표현 이론가들은 역사부정 표현에 직접적인 혐오표현이 들어 있지 않을지라도 혐오표현이라고 주장한다. 표적 집단에 대한 혐오가 동기가 되어 역사적인 사실을 의도적으로 무시하고 오도하기 때문이다. 5·18을 왜곡하는 표현들 역시, 광주 시민들이 자발적으로 참여한 운동이며 북한군이 개입하지 않았다는 증거가 압도적임에도 불구하고 광주 시민에 대한 혐오가 동기가 되어 역사적 사실을 부정한다는 점에서 혐오표현이다. 따라서 역사부정 표현은 혐오표현의 여러 기능들을 수행할 수 있다.[10]

5·18 북한군 개입설에는 어떤 방식의 표현으로 대항할 수 있을까? 다큐멘터리 영화 〈김군〉은 5·18을 부정하는 군사평론가에 의해 북한특수군 제1광수로 지목된 '김군'의 행적을 찾아나서는 모습을 그린다. 영화 속에서 광주 시민인 주옥 씨는 북한특수군으로 둔갑된 남성의 사진을 가리키면서 "우리(시민군) 차에 주먹밥 올려 줄 때 그 사람, 넝마주이 김군 아니야?"라며 사실관계를 증언해 준다. 제1광수로 지목당한 김군에 대한 생존자들의 증언을 통해 5·18의 진실과 당시의 실상을 보여 주는 영화 〈김군〉은, 그 자체로 사실성에 기반하여 북한군 개입설을 논박하는 대항표현인 것이다.[11] 당시의 정황을 알고 있던 사람들의 증언이나 사실을 밝혀 줄 문건들의 공개는, 북한군이 광주에 침투해서 민주화운동을 일으켰다는 주장이나 시민군이 무장한 폭도이며 사람들을 죽였다는 주장들이 명백한 거짓임을 입증해 준다.

'예멘 합동결혼식'의
진실

2018년 여름, 내전으로 인해 고향을 떠나 말레이시아에 머물던 500여 명의 예멘 난민들 중 일부가 제주도에 입국했다. 한국은 이들을 추방해야 한다는 논의들로 들끓었다. 난민 입국 반대 집회에 참가한 한 남성은 "이슬람권 난민들은 자신을 받아 준 유럽 국가에서 각종 협박과 폭행을 일삼고 있다"라고 주장했고, 예멘 난민들 중 대부분이 불법 취업을 노린 성인 남성이기 때문에 전쟁의 피해자라기보다는 "가짜 난민"이라는 괴담들도 심심치 않게 들을 수 있었다.

소셜 미디어나 인터넷에서는 '무슬림 남성에게 폭행당한 영국 여성들'이라는 자극적인 제목과 함께 폭력 피해를 입은 여성들의 처참한 모습이 담긴 사진들이 유포되고 공유되었다. 여성들의 참혹한 사진은 난민들의 야만성이나 잔인함을 연상하도록 부추겼다.[12] 예멘의 조혼 풍습에 대한 유언비어, 어른이 어린 여자아이들과 손을 잡고 있는 사진에 '예멘의 합동결혼식'이라는 제목을 붙인 게시물도 흡사 도시 괴담처럼 확산되었는데, 명백히 무슬림을 소아성애자로 묘사하는 목적을 가지고 있었다고 볼 수 있다.[13]

가짜 뉴스가 걷잡을 수 없이 횡행하자 일부 언론들은 난민들을 둘러싼 괴담들과 가짜 뉴스의 진위 여부를 검증하는 기사들을 내보냈다. 한 언론사는 난민들을 지원했던 '제주평화인권연구소 왓'의 이야기를 빌려 난민들이 대부분 성인 남성이지만 "협박을 받거나 납치되어 고문을 받다가 도망친 사람들"이라고 지적했다. "정부가 예멘 난민에게 세금 138만 원을 지원했다"거나 "정부가 난민들에게 숙소를 제공했다"는 소문들도 사실이 아님을 밝혔다.[14] 전쟁 피해자인 예멘 난민들을 범죄자나 소아성애자, 야만인에 비유하는 가짜 뉴스들도 사실 확인을 거쳐 상당 부분 논파되었다. 무슬림 남성에게 폭행당했다던 여성들의 사진 역시 가정폭력이나 경찰폭력을 당한 여성들의 피해 사진이라는 사실도 드러났다.

5·18 북한군 개입설을 논박하는 증언이나 문서, 예멘 난민을 둘러싼 가짜 뉴스들에 대한 언론의 소위 '팩트체크'는 '사실성'을 활용하여 반격한 대항표현에 해당한다고 할 수 있다. 허위 사실들을 바로잡고 진실을 보도하는 언론과 정부의 역할, 당시 정황의 진실을 증언했던 증인들은 모두 거짓에 기반한 혐오표현을 논박하는 데 중대한 기여를 했다. 이처럼 우리는 객관세계에서 확인 가능한 사실들의 발굴을 통해 혐오발화자의 주장과 혐

오표현의 거짓 선동 및 날조에 대항할 수 있다.

관습의 교란 : 정당성

**"오백만 년 전에
하던 소리"**

여성 래퍼 '슬릭'은 한 힙합 가사에 등장하는 "그렇게 권리 원하면 왜 군댄 안 가냐" "뭘 더 바래 지하철 버스 주차장 자리 다 내줬는데 대체 왜" "합의 아래 관계 갖고 할 거 다 하고 왜 미투해" 등의 여성 혐오표현에 대해, 같은 랩으로 맞받아쳐서 대항한다. "봤더니 한 오백만 년 전에 하던 소릴 하네" "자기 할머니가 들으셨을 말을 하네" 같은 랩을 담은 디스곡 〈이퀄리스트 EQUALIST〉로 응수하는 것이다.

이 곡의 마지막 부분에서는 "니가 바라는 거 여자도 군대 가기, 데이트할 때 더치페이하기, 여자만 앉을 수 있는 지하철 임산부석 없애기" "내가 바라는 것 죽이지 않기, 강간하지 않기, 폭행하지 않기, 죽이고 강간하고 폭행하면서 그걸 피해자 탓하지 않기, 시스템을 탓하라면서 시스템 밖으로 추방하지 않기"라는 내용이 등장하기도 한다.[15] 여성 혐오적이고 성차별적인 랩에 표현된 가치의 정당성을 거부하고, "죽이고 강간하고 폭행하면서 그걸 피해자 탓하지" 않아야 한다는 다른 가치, 즉 여성도 동등한 시민으로서 안전하고 행복한 삶을 누릴 권리가 있다는 평등의 가치를 내세우는 것이다.

이는 혐오발화자의 표현에 내포된 주장의 '정당성'을 문제삼음으로써 대응하는 방식이다. 위르겐 하버마스에 따르면 화자가 어떤 표현을 할 때, 그는 가치Value나 규범Norm에 관한 주장을 하기도 한다. 공동체와 연관된 사회규범 및 가치들에 호소하여 특정 규범 및 가치들의 정당성Rightness을 내세우는 것이다.[16] 청자는 화자가 암묵적으로 호소하고 있는 규범 및 가치들이 공동체 내에 정말로 존재하고 있는가 혹은 화자가 제시하는 규범 및 가치들이 그 표현이 발생한 '생활세계(Lebenswelt, 주체들이 함께 경험할 수 있는 세계)' 내에서 적절한 것으로 간주되는가의 측면에서 주장의 정당성을 평가할 수 있다.

청각장애인을 희화화하는 만화를 그린 웹툰 작가에 대한 장애인 인권단체의 입장문을 바탕으로, 정당성을 지적하는 방식의 대항표현이 어떻게 가능한지 살펴보자. 해당 작품에서 문제가 된 부분은 청각장애인 여성이 길거리에서 닭꼬치를 사 먹는 장면이다. "닥꼬티 하나 얼마에오?" '마이 뿌뎌야디' '딘따 먹고 딥 엤는데' 등 어눌한 발음의 대사가 들어 있다. 침을 흘리고 있는 여성의 표정과 부정확하고 과장된 대사들은, 청각장애인이 말을 잘 못할 것이라는 편견과 지적으로도 장애가 있다는 잘못된 고정관념을 드러내고 강화한다.

이에 장애인 인권단체는 해당 웹툰 작가에게 장애인 차별행위를 한 것에 대해 공개적으로 사과하라고 요구했다. 입장문에서 "누군가 공개적인 공간에서 ○○ 님의 '특징'을 동네방네 얘기하며 희화화한다면 그건 ○○ 님에겐 부당한 일이고, 상처가 되는 일이기에 정당화될 수 없습니다. 마찬가지로 ○○ 님께서도 이런 식으로 청각장애인을 희화화할 정당성은 없습니다"라고 꼬집기도 했다.[7] 장애인의 특징이라고 잘못 간주된 점들을 과장하거나 희화화하여 재현하는 것은 당사자들에게 상처를 주는 부당한 일임을 적시함으로써, 공동체의 가치와 규범의 정당성에 호소한 것이다.

많은 미디어는 장애인, 특히 장애여성의 몸을 전형화하여 천편일률적으로 재현한다. 장애여성의 몸에는 불쌍하고 착하고 어눌하거나 희화화된 이미지들이 덧붙여진다. 장애여성 인권단체 '장애여성공감'의 이진희 사무국장에 따르면 "'착한, 불쌍한,

불행한, 도움이 필요한, 슬픈⋯' 등의 수사는 장애여성의 삶을 박제화한다. 박제는 살아 움직이지 않는/못한다. 하나의 표본으로 특정한 이미지를 상징하며 전시될 뿐"[18]이다.

'장애여성공감'에서 발행하는 잡지 〈마침,〉은 이러한 편견과 혐오에 '이게 웃겨'라는 코너로 맞선다. 이 코너에서 장애여성 당사자는 "그래, 제대로 꼬아 주겠어"라는 대사와 함께 몸을 꼬는 사진을 통해 풍자하고 조롱하는 말 걸기를 시도한다. 장애여성의 몸을 스테레오타입화하고 감동을 전시하는 데 동원하는 언론과 카메라의 폭력적인 시선을 향해 "장애란 이런 거야"라고 응수하는 것이다.

청각장애인 희화화를 비판하는 성명서와 장애여성공감의 '이게 웃겨' 코너는, 모두 장애여성을 불쌍하거나 순수한 대상, 동정과 시혜의 대상이나 성애화된 존재로 재현하는 기존 가치의 정당성에 의문을 제기하고 이를 문제 삼는 대항표현이다.

을들의
반란

철학자 주디스 버틀러에 따르면, "표현이 기존 정당성의 근거에 의문을 제기하는 순간들, 표현이 표현 그 자체의 결과로서 정당성의 측면에서 어떤 변화를 낳는 순간들"[19]이 존재한다. 그런 표현은 새로운 권력관계를 생산할 수 있으며, 새로운 정당성과 사회적 권력을 획득할 수 있는 힘 또한 낳을 수 있다. 과거에는 권위가 없었던 어떤 표현도 권위를 떠맡게 되면 과거의 관습을 교란할 수 있는 것이다. 버틀러는 이를 '반란적인 언어행위 Insurrectionary Speech Act'로 지칭한다.

> 표현의 힘과 의미는 과거의 맥락이나 '지위position'에 의해 전적으로 결정되지 않는다. 즉, 표현은 자신이 수행하는 맥락과의 단절로 인해 자신의 힘을 획득한다. 그러한 과거의 맥락이나 일상적인 용법과의 단절은, 수행문의 정치적인 작동에 핵심적이다.[20]

> 표현행위는 기존 권력관계의 반영물이 아니다. "어떤 표현행위는 과거의 사회적 조건들을 반영할 뿐 아니라, 일련의 사회적인 효과들을 낳는다".[21] 기존의 권력관계와 관습을 뒤흔드는 데 사용될 수도 있다. 이미 고정된 권력으로부터 '정당성'을 부여받은 화자만 말할 수 있는 것이 아니다. 권위가 없던 화자라 하더라도, 감히 표현할 수 있는 권력을 소유하지 못했던 자들도 어떤

사회적 공감대를 획득하고 지지를 받게 되면 말할 수 있는 권력을 획득하고 기존의 권력관계에 영향을 주도록 표현할 수 있다.

최근 문제가 되고 있는 직장 내 괴롭힘workplace harassment의 사례를 살펴보자. 모 시 공무원이었던 이 씨는 해당 시 공무원노조 게시판에 상사의 모멸적인 언어폭력을 폭로하는 글을 올렸다. 그는 "말이 사람을 죽일 수도 있겠구나 싶었고, 정말 죽고 싶었다"라며 "저는 사람입니다. 이 새끼, 저 새끼가 아닙니다."[22] 하고 절규했다.

이러한 을의 폭로는 사람들의 공감대를 형성하고 '갑'을 향해 사회적 비난이 가해지게 만들며 가해자가 상응한 처벌을 받도록 추동하는 대항표현이다. 폭로 이후 가해자인 소장은 직위해제되었고 공무원노조 사무처장은 '갑질 간부'들의 반성을 촉구하는 성명을 냈다.[23]

버틀러는 모든 억압적인 표현들이 반란적인 대항표현, 즉 '권위'가 없이 행해진 언어행위에 취약하다고 주장한다. 표현의 힘은 화자의 사회적 지위나 권력에서만 나오는 것이 아니다. 오히려 화자의 용기와 분노에서 기인한 표현들이 사회적인 정당성과 지지를 획득하게 되어 새로운 힘과 권력을 갖게 되기도 한다.

여성 래퍼의 대항적인 디스곡과 자신들이 겪어야 했던 혐오표현을 풍자하여 재연하는 장애여성들의 말하기, '갑질'에 대한 '을'들의 반란은 혐오발화자의 표현이 얼마나 폭력적인지를 환기시키고, 권력은 없어도 정당성이 있다면 반격이 가능함을 시사해 준다. 또한 혐오표현 속에 담긴 차별이라는 가치와 규범이 정당하지 않음을 지적함으로써, 평등이라는 가치의 정당성을 맞세움으로써 대항할 수 있음을 보여 준다.

내면에의 호소 : 진정성

혐오의
신화

혐오발화자들은 무수히 다양한 동기로 혐오표현을 한다. 표적 집단에 대한 혐오나 경멸 외에도 "두려움이나 부러움, 그저 타인의 관심을 끌기 위한 단순한 욕구"[24] "불안감, 역겨움, 소외감"[25]과 같은 여러 감정 혹은 태도를 혐오표현을 통해 드러내기도 한다. '외국인'이라는 존재 자체에 의해 야기된 두려움이나 상실감 또는 소외감 때문에 그들을 공개적으로 모욕하거나 조롱할 수 있는 것이다. 역사학자인 헨리 루이스 게이츠 주니어Henry

Louis Gates Jr.는 "우리 일자리가 없는 건 좆같은 너희 일본 놈들 때문이야!"라고 소리치며 야구방망이를 휘둘러 27세의 중국계 미국인을 살해한 백인 노동자의 혐오가 동양인에 대한 열등감에서 기인한 것이라고 해석한다. 동양인들이 우월하다는 생각에 부러움이나 시기심을 갖게 되었고, 그러한 마음이 혐오표현과 인종차별주의로 나타났다는 것이다.

> 동양인을 향한 편견은 흑인보다 유대인을 향한 편견과 좀 더 밀접하게 닮아 있다. 두말할 것도 없이 동양인들을 위협적인 우수한 자들로, 따라서 "우리"에 대한 위협으로 묘사하는 편견 말이다.[26]

혐오발화자는 타인의 관심을 끌고 싶거나 지루해서, 심지어 혐오하지는 않지만 경제적인 이익을 얻기 위해 혐오표현을 하기도 한다! 철학자 알렉산더 브라운Alexander Brown은 "지루함, 관심 끌기, 논쟁을 즐기는 것, 경제적인 자기 이익 같이 세속적인 것들은 혐오발화자의 행동을 설명할 수 있는 일반적인 동기 중 일부일 뿐"[27]이라고 설명한다.

실제로 혐오발화자의 동기는 혐오와 관련 없는 경우가 많다. 이를테면 최근 횡행하고 있는 유튜브 등 인터넷 방송 콘텐츠들은 제목과 내용에 자극적인 혐오표현들을 활용함으로써 경제적인 이익을 얻으려 한다. 혐오가 돈이 되고, 수익이 되는 것이다. 이런 경우 혐오발화자들에게 혐오는 진정한 내면의 동기라기보다는, 돈을 위한 수단이다.[28]

브라운은 누군가를 미워하고 싫어하는 극단적이고 강렬한 혐오가 혐오표현의 원인이 되었을 것이라는 편견을 '혐오의 신화The Myth of Hate'라고 일컫는다. 혐오발화자가 꼭 혐오라는 감정을 가지고 있는 것은 아니다. 그보다는 주변의 눈치 때문에 어쩔 수 없이, 무지로 인해 무의식적으로, 심지어 타인의 관심을 받으려고 혐오표현을 할 수 있다. 이처럼 혐오발화자의 동기가 다양하다면, 또 혐오라는 감정이 혐오발화자의 내면에 없을 수도 있다면, 그가 변화할 가능성이 있다고 볼 수 있지 않을까? 혐오발화자의 내면에 호소함으로써 그의 감정과 태도를 보다 진실하게 바꿀 수 있지 않을까?

"부모한테 자식은 지겨울 수가 없어요"

하버마스에 따르면, 화자의 어떤 주장은 의도하는 것을 표

현한다는 점에서 과연 '정직truthful'하거나 '진정한sincere' 것인
지의 여부를 검증할 수 있다. 화자의 주관성(Subjectivities, 감정·의
도·욕망)을 고찰하여 그의 주장이 상호 신뢰를 확립할 수 있는가
를 살펴보거나,[29] 화자의 행위가 일관적인지를 검토함으로써 주
장의 진정성Sincerity 여부를 평가할 수 있다는 것이다.[30]

이 지점에서 혐오발화자 내면의 진정성에 호소하는 대응
방식이 있을 수 있다. 혐오표현 피해자들의 피해 경험과 증언들
을 공유하는 것은 그런 역할을 한다.

4·16 세월호 참사 희생학생의 어머니와 생존학생의 어머
니들로 구성된 '노란 리본'은 연극을 통해 학생들을 추모하고 기
억하는 모임이다. 어머니들은 아이들을 대신하여 교복을 입고
장기 자랑을 하고, 아이들이 가고 싶어 했던 제주도에서 공연하
며 아이들의 꿈과 희망을 그려 내기도 한다. 이 극단의 단원이자
희생학생의 어머니 중 1명은 세월호가 지겹다는 사람들을 향해
"모든 부모님들이 그렇겠지만 부모한테 자식은 지겨울 수가 없
어요"라고 말하면서, 지금 살아가는 아이들이 보다 더 안전한 세
상에서 살게 하려면 참사가 반복되지 않도록 세월호를 기억하고
진실을 밝혀야 한다고 이야기한다.[31] "부모한테 자식은 지겨울
수가 없다"는 세월호 유가족의 발언은, 자식을 향한 부모의 그리

움과 애정, 그리고 그들이 감내해야 했던 슬픔과 그에 대한 연민이라는 보편적인 감정에 호소한다.

그렇게 내면에 호소한 또 다른 사례를 살펴보자. 한 공영방송사에서는 어버이날을 맞이하여 성소수자 부모들을 만나 보는 프로그램을 방영했다. 이들은 모두 동성애자, 트랜스젠더, 무성애자 등 성소수자를 자녀로 둔 부모들이었다. 이들은 "아들이 게이라는 걸 상상해 본 적도 없었다" "전생에 지은 죄까지 떠올려 봤다"라고 이야기한다. 아들이 동성애자라는 사실을 알게 되고 심장이 멈춘 것 같았다던 어머니는 그럼에도 불구하고 아들에게 "지구가 뒤집어져도 엄마는 네 편이야"라며 응원과 지지를 표현했던 경험을 들려준다.

성소수자 부모들이 자신의 고민과 갈등을 가감 없이 전달하고 성소수자에 대한 잘못된 정보들을 바로잡아 주는 과정 속에서, 프로그램에 출연한 진행자들은 "나도 모르게 혐오표현을 했을 수도 있는 그들은 누군가에게 목숨 같은 자식일 수도 있겠다"라며 자신의 과오를 뉘우치고 "우리 방송을 통해 더욱더 거대한 어깨동무가 만들어지길 바란다"라며 연대의 마음을 전하기도 한다.[32] 성소수자 부모들의 희노애락과 애환을 다룬 실제 삶 속의 이야기가 차별과 혐오의 현실을, 자식을 향한 부모들의 사

랑은 자녀가 성소수자든 비성소수자든 다 똑같다는 것을 알려
준 것이다. 성소수자들은 괴물이 아닌, 누군가의 사랑하는 소중
한 자녀들임을 환기시킴으로써, 우리 성소수자 부모들이 그랬듯
이, 그대들도 성소수자를 포용할 수 있다고 말이다.

"부모한테 자식은 지겨울 수가 없다"고 말하는 세월호 참
사 희생학생의 부모, 그리고 "지구가 뒤집어져도 엄마는 네 편이
야"라고 말하는 성소수자 부모. 이들이 세상에 던지는 메시지는
혐오발화자들의 진정성을 거부하고, 나아가 잠재적인 혐오발화
자들의 주관 세계까지도 동요시킨다. 세월호가 지긋지긋하다고
말하는 이들이나 성소수자를 혐오하는 이들의 진정성이 달라질
수 있다고 말이다.

내면에 호소하는 대항표현은 혐오발화자들을 변화시키거
나 설득하지 못한다 하더라도, 최소한 그들이 위선적인 척이라
도 하도록 유도할 수 있다. 사회정치이론가 욘 엘스터Jon Elster
는 그의 저서《숙의 민주주의》에서 이를 '위선의 교화시키는 힘'
이라고 일컫는다. 적어도 공론장은 화자가 '천한 동기'를 숨기도
록 강제할 수 있다는 것이다.[33]

캐서린 겔버 역시 대항표현의 이런 역할에 동의한다. 그에
따르면 공동체의 대항표현이 장기간에 걸쳐 행위의 변화를 달성

할 수 있다는 생각은 새로운 것이 아니다.[34]

나는 장기간에 걸친 대항표현을 통해 혐오발화자의 타당성 주장에 이의를 제기함으로써, 그들의 행위나 심지어 태도마저도 변화시킬 수 있다고 주장한다. 혐오표현을 행하는 것이 표적 집단을 공동체에서 위엄 있게 보이도록 만들 수 있는 기반을 제공해 주는 것으로 이어질 수 있다는 인식은, 혐오발화자가 혐오표현에 참여하는 것을 단념하게 만들 수 있다.[35]

피해자들의 목소리가 매스 미디어에 등장할 수 있도록 자리를 마련해 주는 것은, 혐오발화자들이 행위나 태도를 수정하게 만들 수 있다. 설령 진정으로 변화되지 않는다 하더라도, 자신들의 목소리는 비주류이고 주류 사회는 혐오표현을 용납하지 않고 있다는 메시지를 각인시킴으로써 그들이 공적인 자리에서는 혐오표현을 대놓고 드러내지 못하게 할 수 있는 것이다.

전복, 탈환, 패러디 : 산발적 대항

"남자가 웃어야 집안이
평화롭다"

혐오표현에 기생하고 이를 도용하거나, 화자가 미리 예측할 수 없게끔 허를 찔러서 대응하는 방법도 있다. 예를 들어 "남자 목소리가 담장을 넘으면 패가망신한다는 얘기가 있어" "집안에 남자를 잘 들여야 한다더니"[36]와 같은 코미디언 김숙의 발언을 보자. 김숙의 이런 발언은, 원본인 성차별적 혐오표현에 기생하여 부당함을 드러내고 되돌려 주는 맞받아치기다.

혐오표현을 건네받은 자는, 그 혐오표현을 되받아쳐 말하거나speaking back, 그 표현을 통해서speaking through 말함으로써 혐오표현에 저항할 수 있다.[37] 이를테면 '퀴어queer'라는 용어는 원래 미국에서 동성애자들에 대한 욕설로 사용되었던 혐오표현이다. 그러나 성소수자 운동가들의 치열한 노력과 투쟁으로 '퀴어'는 축하의 의미와 자기 정체화를 뜻하는 긍정적인 용어로 재정의되었다. '퀴어'라는 혐오표현의 가치 전도는 혐오표현의 힘과 의미가 재의미화될 수 있음을 보여 준다. 그리고 발화가 발화자 자신에게 다른 형태로 '되돌아올' 수 있다는 것을, 자신의

원래 목적과 반대로 인용될 수 있으며 효과의 반전을 수행할 수 있다는 것을 나타낸다.[38]

주디스 버틀러에 따르면, 모욕적인 표현에 대한 이런 방식의 "재의미부여하기resignifying와 재수행하기restaging"[39]는 혐오발화자가 목표했던 의도들을 좌절시키며 혐오표현이 전혀 다른 목적에 복무하도록 재사용할 수 있음을 시사한다. 원래는 비하적이었던 표현의 의미와 힘이 사회적 인식의 개선과 더불어 변화할 수 있는 것이다.

교육학자 벤저민 바에즈Benjamin Baez 또한 권력이 없는 화자도 "욕설을 탈환하여 그것을 '권위' 없이 사용함으로써 그것의 관습을 빼앗는" 방식으로 대응하는 것이 가능하다고 설명한다. "언어의 관습을 포함한 모든 관습들은, 부적절성과 인용에 취약"[40]하기 때문이다. 침묵당했던 소수자들은 혐오표현을 전복하거나 탈환함으로써 되받아칠 수 있다. 혐오표현은 강렬한 수치심을 주고 삶을 파괴하지만, 완전히 그런 것은 아니다. 혐오발화자가 주려고 하는 치욕은 거부할 수 있다.

수신자는 예측 불가능하거나 '기생적인' 방식으로 언어의 힘에 대응할 수 있다. 만일 혐오표현의 발화수반행위력이 관습적 행위라면, 그와 같은 말에 대한 대응은 비관습적으로 행위하는 것이다. ⋯ 모욕적인 이름으로 불리울 때 우리는 상처를 받을 수 있지만, 그 명명은 모욕적인 부름에 반박하는 언어를 사용하는 발화 내 주체를 개시하는 위험을 감수하는 것이다. 그 같은 반란을 통해서, 즉 창피한 용어에 대한 담론적인 저항과 재전유Reappropriation를 통해서, 우리는 어떤 [모욕적인] 대화의 호명에 이의를 제기할 수 있으며, 치욕을 씻어 내는 이의 제기를 통해서 또 다른 대화를 만들어 낼 수 있다.[41]

혐오표현에 대한 재의미부여와 재수행은 다양한 형태의 정치적 패러디 그리고 풍자로 가능하다. 동성애 혐오표현 기사에 대한 패러디 기사는, 이런 대항표현의 풍자적이고 해학적인 기능을 잘 보여 준다. "게이 전용 사이트에 30초 간격으로 올라오는 글의 정체는?"이라는 제목의 동성애 혐오적인 기사를 조롱하기 위해, 〈뉴스앤조이〉라는 신문사는 "이성애 전용 사이트에 5초 간격으로 올라오는 글의 정체는?"이라는 제목의 기사로 맞불을 놓았다. 해당 기사는 "전국의 남성 이성애자들이 매일 수천 개의 메시지를 올려놓고 익명의 여성들과 '번개(즉흥적인 성관계)'를 시도하는 것으로 밝혀졌다"라며 "이건 사랑이 아니라 일종의 성 중독"이라고 전한다.[42] 일부 언론들에서 "동성애는 성 중독"
이라는 식으로 혐오를 조장하는 기사를 써내는 것에 대한 풍자
였다. 또 다른 기사에서는 동성애가 문란하고 변태적이라고 비
난하는 모바일 뉴스 기사 하단에 아이러니하게도 "부부 생활 중
가장 듣기 싫은 말 1위는?" "이쁜이 수술" 등의 성인광고배너가
버젓이 달려 있음을 지적하여 동성애 혐오 기사의 위선을 꼬집
기도 했다.[43]

혐오표현에 대한 풍자와 재연, 즉 과거의 혐오표현을 도용
하여 재수행하는 것은 단순히 똑같은 혐오표현의 사용이 아니
다. 혐오표현들의 부당함과 저열함을 드러내서 보여 주는 '언어
적인 전시linguistic display'다.

버틀러는 상처 주는 말에 대한 미학적인 재연이 원본인 혐
오표현의 사용을 "당연하게 여겨지는 일상언어의 작동이 아니
라, 분명히 성찰되어야 할 담론적 항목으로 만든다"라고 주장한
다. 이런 미학적인 재연은 어떤 혐오표현을 "사용use하기는 하지
만, 또한 그것을 진열display하며, 지적하고, 어떤 일종의 효과들
을 낳는 데 활용되는 언어의 자의적인 실례로서 개괄하는"[44] 것,
즉 혐오표현을 원래의 맥락에서 이탈시켜 다른 효과들을 낳도록
재사용하는 것을 목표로 하기 때문이다.

www.하나님은 동성애자들을 사랑하신다.com

온라인 가상공간 역시 대항표현을 위한 무대가 될 수 있다. 1장에서 터키 지진 피해자들을 "죽어도 싼 테러리스트"라며 모욕한 혐오표현 트윗을 기억할 것이다. 그런데 공교롭게도, 같은 시기에 트위터는 사람들의 생명을 구하는 데도 쓰였다. 수색 구조 단체에 도움을 요청하기 위해 자신들의 휴대폰과 소셜 미디어, 특히 트위터를 이용했던 사람들이 있었던 것이다. 이들은 트위터로 도시 인근 주민들을 조직해 빌딩 폐허에 있던 사람들을 구조하려 하기도 했고, 지진의 영향을 크게 받은 건물에서 사람들을 구출하기도 했다. 일부 트위터 이용자들은 트위터에서 피해자들을 향한 혐오표현에 즉각적으로 '말대꾸talk back'하고, 혐오발화자들을 비난했다.

'말대꾸'는 소셜 미디어에 국한되지 않았다. 트위터, 페이스북, 블로그 등을 거쳐 전통적인 미디어에 다다랐고, 국내 신문과 TV, 지역 라디오에서 이 문제를 논의하게 만들었다. 그렇게 모든 형태의 미디어에서 혐오표현에 대한 인지를 제고시키기 위해 노력한 결과, 더 많은 혐오표현이 전파되는 것을 미리 막을 수 있었고 많은 사람들이 피해자들을 도우려고 나서게 되었다.[45]

이 사례는 소셜 미디어가 서로 반대되는 2가지 역할을 했음을 보여 준다. 즉, 트위터는 혐오표현을 확산시키기도 했지만, 동시에 사람들의 생명을 구하고 대항표현을 행하는 등 긍정적인 방향으로도 쓰였다. 따라서 제이넵은 "더 많은 혐오 범죄를 막기 위한 가장 효과적인 구제책은 사회 변혁과 문화 변혁을 위해 노력하는 것"이며 "반 지진의 사례에서 볼 수 있듯이, 사람들은 혐오표현을 전파하는 자들을 향해 경고했고 그들을 보다 인도적인 방식으로 행위하도록 변화시키는 데 성공했다"라고 이야기한다.[46]

혐오표현의 힘은 온라인 가상공간의 시공간적 특성에 의해 약화될 수도 있다. 문화 이론가 케이트 아이크혼Kate Eichhorn은 동성애 혐오로 악명 높은 침례교 목사인 프레드 펠프스Fred Phelps가 만든 'godhatesfags.com(하나님은 동성애자들을 혐오하신다)'라는 동성애 혐오 사이트의 사례를 통해 이를 보여 준다. 이 사이트는 하나님이 동성애자들을 혐오하신다는 것을 성경 구절 속에서 확인할 수 있다는 주장과 이를 확증해 주는 성경 구절의 목록, 소위 '동성애자 교회' 목록, 동성애자 이슈가 전 세계적으로 증가함으로써 추정되는 위험에 주목하는 다양한 뉴스 아이템들로 가득 차 있는 혐오 사이트였다.

그런데 아이크혼에 따르면 이 혐오 사이트는 분명 불쾌하지만 정치적으로 긍정적인 오독의 가능성들을 생산하기도 했다. 이를테면 펠프스 목사의 동성애 혐오 사이트가 출현한 바로 직후, 헤이트 워치Hate Watch를 비롯한 온라인 모니터링 조직들이 그 사이트에 대한 '바로가기' 링크를 설치했다. '헤이트 워치'와 '하나님은 동성애자들을 혐오하신다' 사이트 간의 바로가기 링크는 펠프스 목사의 온라인 활동을 감시할 뿐 아니라, 혐오 사이트를 재맥락화하는 기능을 했다.

'godhatesfags.com'를 풍자하는 'godhatesfigs.com(하나님은 무화과를 혐오하신다)'라는 사이트에서는 하나님이 무화과를 혐오하신다는 주장을 확증해 줄 수 있는 성경 구절 목록을 열거했다. 'godlovesfags.com(하나님은 동성애자들을 사랑하신다)'라는 사이트의 제작자는 펠프스 목사의 도메인 이름을 훔치는 데 성공해 'godhatesfags.com'의 모든 방문자를 72시간 동안 자신의 카운터 사이트로 이끌기도 했다. 'godhatesphelps.com(하나님은 펠프스를 혐오하신다)'라는 재미있는 이름의 사이트도 등장했다. 여기에서는 펠프스 목사의 터무니없는 주장의 본질을 밝히기 위한 노력의 일환으로 펠프스의 메시지를 패러디하고 반복했다고 한다.[47]

이 모든 대항 사이트들은, 온라인 가상공간의 혐오표현들이 재전유될 수 있음을 보여 주는 사례다. 따라서 아이크혼은 가상공간이 혐오표현의 총량을 증가시키긴 하지만, 그에 비례해서 대항표현의 가능성 또한 증가시킨다고 주장한다.

혐오표현은 자신이 의도한 대로 피해자들을 항상 종속시키는가? 아니면 때때로 상처를 줄 수 있는 자신의 권력이 전치되는 방식으로 재사용될 수 있는가? 우리는 혐오표현의 재-선동하기re-in/citing가 상처 주는 말의 권력을 반드시 강화하는 것이 아니라, 그 같은 말의 의미와 힘을 몰락시킬 수 있는 양상을 낳을 수 있다고 결론 내릴 수 있다. 다시 말해, 혐오표현을 반복하는 것은 … 혐오표현이 종속시키려는 바로 그 사람들에 의해 재주장될 수 있는 잠재력을 가지고 있다.[48]

사회는 늘 역동적으로 변화하고 있으며, 언어 또한 동일한 방식으로만 사용되게끔 고정되어 있지 않다. 언어의 열린 본성을 생각해 본다면, 혐오표현이 갖는 힘이나 기능 역시 미리 결정되거나 불변하는 것으로 볼 수 없다. 1장에서 살펴본 것처럼 표현이 청자에게 낳는 효과는 즉각적이거나 고정된 것이 아니며,

표현과 효과 사이에는 언제든 '간극gap'이 존재한다. 화자가 청자에게 모욕감이나 수치심을 주기 위해 혐오표현을 사용할 수 있지만, 청자는 이를 거부하고 역으로 화자에게 모욕감이나 수치심을 줄 수도 있다. 버틀러는 발화효과행위 개념의 우연적인 속성을 강조하면서 혐오표현에서 "다른 효과들이 따라 나올 수 있어야만 그런 표현을 전유하고, 전복하고, 재맥락화할 수 있게 된다"[49]라고 주장한다. 우리는 표현과 효과 사이의 간극을 활용하여 혐오발화자의 허를 찔러 대항할 수 있는 것이다.

**"성 상품화가 왜
나빠요?"**

　　여성의 발목을 테이프로 묶어서 트렁크에 실은 남자를 표지에 등장시켜 여성 대상 성범죄를 미화했다는 비난을 받은 한 남성용 잡지의 표지 사건 이후, 해당 잡지의 표지 모델이었던 정두리는 모델로 서기를 거부하고 독립 도색잡지인 〈젖은 잡지〉를 발간했다. 정두리는 인터뷰에서 잡지명 중 '젖은'이라는 수식어는 여성의 성적 주체성을 드러내는 적절한 단어라고 설명한다. 또 다른 '성 상품화' 아니냐는 질문에는, "성 상품화가 왜 나쁘냐"라고 반문한다.[50] 〈젖은 잡지〉는 "스스로 콘셉트를 잡고, 장소와

포토그래퍼를 섭외하고, 내가 원하는 방식대로" 나를 드러내고, "남자들의 욕망에만 맞추는 게 아니라 ⋯ 시선의 권력을 도치함으로써 여성에게도 다양한 성적 욕망과 화법이 존재"[51]함을 보여 준다는 것이다. 정두리는 이처럼 여성의 성적 주체성과 자율성을 전면에 내세우고, 남성적인 시선을 전복하며, 여성이 즐길 수 있고 쾌락을 향유할 수 있는 포르노그래피를 지향한다.

　　포르노그래피가 무조건적인 성적 대상화나 혐오표현인 것은 아니다. 〈젖은 잡지〉 역시 여성 혐오적인 포르노그래피라고 볼 수 없다. 여성들을 대상화하고 침묵시킨다고 하기 어렵기 때문이다. 미국 시민자유연맹(ACLU) 대표였던 법학자 나딘 스트로센Nadine Strossen는 저서 《포르노그래피를 옹호하며: 표현의 자유, 섹스, 여성의 권리를 위한 투쟁》에서 포르노그래피를 여성 혐오적인 성적 대상화나 일종의 혐오표현으로 보는 해석에 반대한다.

　　검열주의 페미니스트들은 여성이 명시적으로 남성과의 섹스를 환영하는 것이 모멸적이라고 간주할 수 있으나, 이는 성적 선택을 할 수 있는 여성의 능력을 향한 그들의 부정적인 태도로 인한 것이다. 다른 시청자들은 그런 장면이 긍정적이고 건

강한 것이라고 볼 수 있다.[52]

스트로센은 포르노그래피 같은 성적인 표현sexual speech
에 대해 양가적인 해석을 적용할 수 있다고 주장한다.[53] 나아가
포르노그래피가 여성을 포함한 일부 시청자에게 미치는 영향이
긍정적일 수도 있다고 말한다!

포르노그래피는 그것을 읽거나 보는 여성들을 위한 또 다른 강
력한 정치적 목적에 기여할 수 있다. 즉, 시청자는 포르노그래
피를 정상적인 방식에서 어긋나는 방식으로 해석하여, 반란과
개성을 표현하게 할 수 있다. 이런 점에서 여성의 무력함을 묘
사하는 말이나 이미지는 여성 시청자들의 역량을 강화하는 결
과를 가져올 수도 있다.[54]

철학자 마사 누스바움Martha Nussbaum 또한 성적 대상화
가 항상 부정적인지 반문한다. 그는 저서《섹스와 사회정의》에
서 성적 대상화가 항상 누군가를 다른 사람의 목적을 위한 단순
한 수단으로 취급하는 것은 아니며, 오로지 특정한 맥락에서만
그렇게 취급하는 것이라고 주장한다. 즉, 긍정적인 성적 대상화

가 존재할 수 있다는 것이다.[55,56] 우리가 타인의 신체를 통해 성적인 기쁨을 향유하는 행동은 그를 대상으로 취급하는 것만이 아니며, 타인을 목적 자체로 대우하라는 것과 충돌하지 않는다. 또한 포르노그래피를 금지하는 것은 결국 귀중한 표현들을 냉각시키는 결과를 가져올 수도 있고, 공무원이나 법원이 포르노그래피 규제법을 해로운 표현이 아닌 '논쟁적인 표현'을 규제하는 데 오용하기 쉽다.[57]

포르노그래피 속 여성을 주체성이 결여된, 단순히 수동적인 대상이라고만 할 수도 없다. 걸 그룹 출신의 배우 설리는 자신의 SNS에 휘핑크림을 짜 먹는 사진을 게재했다. 보통 여성 아이돌은 때 묻지 않은 순수함을 어필하는 것이 일반적이었기 때문에, 섹슈얼한 느낌의 이 사진은 사람들에게 충격을 주기에 충분했다. 설리의 이런 사진은 여성의 성적 대상화나 소아성애를 부추기기 때문에 여성 혐오와 공모하는 것과 같다는 비난도 쏟아졌다. 그러나 설리를 여성 혐오자로 볼 수 있을까? 문화평론가 손희정은 이러한 설리의 행보를 가리켜 "섹슈얼리티는 이미 '전략'이 되었다"고 분석한다. 설리는 "성적 도발을 통해 사회의 기대를 배반하고 침을 뱉는다"는 것이다.[58] 설리가 여성 아이돌에게 요구되는 기대를 위반하고 자신의 섹슈얼리티를 전략적으로 사용한다면, 그녀는 단순히 성적 대상화를 부추기는 '대상'이 아닌, 불온한 섹슈얼리티를 전략적으로 유희하는 성적인 '주체'다.

철학자 린다 레몬체크Linda LeMoncheck는 저서 《문란한 여성, 음탕한 남성: 섹스에 대한 페미니즘 철학》에서, 포르노그래피가 용납할 수 없는 형태의 성적 대상화를 수반한다는 견해에 도전한다. 1장에서 살펴보았듯이, 포르노그래피를 부정하는 많은 이들은 포르노그래피 속에서 여성들이 남성의 요구에 저항하지만 결국 굴복하는 종속적인 위치로 재현되고, 또한 성적인 착취를 즐긴다는 식으로 묘사된다고 주장한다. 따라서 포르노그래피 속의 여성들은 성애화된 대상일 뿐 주체가 아니다. 그러나 레몬체크는 그들이 대상일 뿐이라는 견해에 반대한다. 오히려 포르노그래피에서 묘사되는 여성의 의지를 굴복시키고자 하는 성적인 환상이 이러한 자료의 소비자가 여성의 성적 주체성을 인정하고 있음을 나타낸다고 말한다.[59] 여성들의 의지를 굴복시키려는 포르노그래피의 환상은 곧 굴복시켜야만 하는 어떤 의지를 포르노그래피 속의 여성이 가지고 있다는 것을 가정하는 셈이다.

소아성애 논란이 있었던 사진작가 R과 함께한 작업들에서 설리는 수동적으로 또는 굴욕적으로 보이는 성적인 포즈를 취하곤 한다. 하지만 무해해 보이거나 욕망이 없어 보이는 R의 작품

속 그녀의 이미지는, 그녀가 결국 굴복시켜야만 하는 어떤 '의지'를 가지고 있기 때문에 그와 같이 재현된 것이다. 따라서 사진작가 R의 작품 속 설리의 모습이든, 설리가 직접 찍은 사진이든, 그녀가 등장하는 사진들을 단순히 여성을 대상화하는 남성 중심적 포르노그래피의 반복으로 간주하기는 어렵다. 최소한 사진 속에서 설리는 그런 재현과 해석들을 거부하고 스스로 성적인 주체성을 발현하고 있기 때문에, 그녀의 사진들은 여성 혐오적인 성적 대상화를 조롱하는, 일종의 대항표현으로서의 포르노그래피로도 해석할 수 있다.

설리의 섹슈얼리티가 성적인 대상화가 아니라 성적인 주체화를 보여 주듯이, 섹스 칼럼니스트 은하선은 섹슈얼리티를 성을 바라보는 기존의 보수적 시선을 논박하는 대항표현으로 재사용할 수 있다는 것을 보여 준다. 은하선은 성과 섹스에 대한 발칙한 이야기들을 솔직하게 이야기하고, 섹슈얼리티의 즐거움을 적나라하게 표현한다. 직접 섹스 토이 숍을 운영하면서 여성이 성적인 이야기들을 하거나 자위 행위를 하거나 섹스 토이를 이용하는 것은 문란하고 더럽다는 기존의 규범들을 비웃고, 여성들이 성적인 판타지들을 이야기하는 것은 결코 부끄럽거나 수치스러운 일이 아님을 강조한다. 그녀는 "여자들끼리 모여 섹스에 대한 각자의 다양한 경험을 쏟아 낼 수 있는 공간. 자신의 욕망과 몸에 대해 생각하고 나눌 수 있는 시간과 공간. 그 안에 내가 있었으면 좋겠다" "파트너의 눈치를 보기보다는 지금 자신의 욕망에 귀 기울이는 여자들이 많아졌으면 좋겠다"라고 토로하고, "오르가슴의 은사 내려 주신 주님께도 영광 올린다. 사랑해요, 주님"[60]이라고 말하기도 한다.

이런 그를 바라보는 보수적인 사람들과 종교인들의 시선은 고울 리가 없다. 한 대학에서는 은하선의 강연을 앞두고 일부 학생들이 "예수님을 모독하면서 국내 최초의 기독교 대학에?"라고 적힌 피켓을 들고 항의했고, "은하선 씨는 성에 대한 왜곡된 인식은 물론 종교에 대한 비하를 드러내는 언행으로 많은 사회적 논란의 시발점이 되어 왔다"[61]라며 강연을 취소하라는 대자보가 붙기도 했다. 성소수자 특집 방송 프로그램에 출연하여 성소수자와 여성에 대한 자신의 생각을 개진했을 때는 보수 기독교계와 학부모에게서 "섹스 도구를 판매하는 동성애자 여성"이라며 거센 항의를 받기도 했다(그는 바이섹슈얼 여성이다).[62]

그러나 은하선은 이런 질타에도 아랑곳하지 않고 성을 음란하거나 타락한 것으로 여기는 고정관념들과 종교가 강조하는 순결 이데올로기를 비판한다. 그에게 섹스 토이나 자위는 음란이나 외설이 아닌, 축복이자 영광일 뿐이다. 은하선이 사회를 향해 던지는 메시지는 여성이나 성소수자들도 해방적인 성적 판타지를 상상하고 누릴 권리가 있음을 시사해 준다.

버틀러는 환상Fantasy의 역할이 중요하며, 여성의 다양한 표현을 허용하는 조건을 유지해야 한다고 주장한다. 그에 따르면 포르노그래피 같은 기존의 유해한 성적 표현물들도 상상력을 동원해 재해석하거나 새로운 유형의 섹슈얼리티로 활용할 수 있다. 철학자이자 페미니즘 이론가인 드루실라 코넬Drucilla Cornell 역시 포르노그래피가 다른 목적에 기여할 수 있다고 주장하면서, "법적 조치가 아닌 정치적 행동이 포르노그래피 제작에 개입하는 주된 방식이 되어야"[63] 한다고 이야기한다. 여성들의 섹슈얼리티를 표현할 수 있는 대안적인 포르노그래피를 제작하고, 페미니스트들이 포르노그래피 산업에 종사하는 페미니스트들과 연대해야 한다는 것이다. 예컨대 레즈비언 포르노그래피나 페미니스트 포르노그래피는 전통적인 포르노그래피와 달리 새로운 상상력을 가지고 여성과 섹스를 포착하는 방식에 도전한다. 이러한 관점들은 여성들도 얼마든지 대안적인 상상력과 판타지를 담은 성적인 표현이나 포르노그래피를 통해 섹슈얼리티를 향유할 수 있음을 보여 준다. 그리고 위선적이면서도 기만적인 성적 규범들에 균열을 낸다.

혐오를 허용하는 사회 : 지속적 대항

개별적 저항의
한계

표현의 자유를 옹호하는 자유주의자들은 더 많은 표현 more speech을 통해 혐오표현의 해악을 논박할 수 있다고 낙관한다. 그들은 사상의 시장의 풍부함과 무질서함을 사랑하며, "수천 송이의 꽃이 피게 만들어라. 심지어 독을 가진 꽃이라 하더라도"[64]라고 태연하게 말한다. 말은 말로 받아치면 그만이라는 것이다. 그러나 이러한 개인적인 대항표현에는 한계가 있다.

철학자 막심 르푸트르Maxime Lepoutre에 따르면, 혐오표현에 대한 해법으로 개인적인 대항표현을 제시하는 것은 혐오표현의 피해자들에게 '맞대응하라'는 부담을 추가로 지우기 때문에 불공정하다.[65] 피해자에게 그저 더 많은 말을 하라고 권유하는건 또 다른 폭력일 수 있다는 것이다.

무엇보다도 그 자리에서 응수하는 것은 권력관계로 인해

어려운 경우가 많고, 상황을 더 악화시킬 수도 있다. 앞서 닐슨의 연구에서도 살펴보았듯이, 혐오표현의 피해자들이 혐오발화자에게 직접적으로 대응하는 경우는 거의 없다.[66] 혐오표현을 경험한 피해자들 대부분은 상황을 어느 정도 '감수'해야 할 것으로 여기면서 현실을 수용하고, 일상화된 범죄 피해에 대한 두려움으로 인해 대응을 포기하거나 위축된다. 대응할 경우 혐오표현이 물리적 폭력 피해나 위협으로 발전되거나 아웃팅, 실직 등의 구체적 권리 행사의 배제로 이어지는 경우가 많기 때문이다.[67]

개인적인 대항표현에는 한계가 있으며, 무조건적인 만병통치약이 될 수 없다. 법학자 홍성수 역시 "대항표현을 지나치게 강조하는 것은 혐오표현이 개인의 사적 실천으로 해결될 수 있다는 착각을 불러일으킬 수" 있다고 지적하면서, "혐오표현으로 고통받는 당사자 개인이 문제를 스스로 해결하도록 방치해서는"[68]안 된다고 강조한다.

좀 더 집단적인 연대와 조직에 기반한 대항표현의 경우 이러한 부작용이 어느 정도 완화되기는 한다. 토론회에서 "동성애에 반대하느냐"라는 상대방 후보의 질문에 "반대한다"라고 답한 대선 후보에게 항의한 '지구지역행동 네트워크(대안운동 모임)'와 '성소수자 차별반대 무지개행동(성소수자 인권단체 모임)'의 활동은 전형적인 집단적 대항표현의 사례라고 볼 수 있다. 두 단체의 활동가들은 후보자가 참석한 다른 행사에서 후보자의 연설이 끝나자 성소수자를 상징하는 무지개 깃발을 들고 "내가 동성애자다. 내 존재를 반대하시냐. 혐오 발언을 사과하라"라며 후보에게 다가가 항의의 의사를 전달했다.[69]

이렇게 단체와 모임을 구축하여 보다 체계적이고 집단적으로 혐오표현에 대응하는 방식은 개인적인 대응에 비해 더 오래 지속될 수 있다. 이를테면 '성소수자 차별반대 무지개행동'을 비롯한 인권단체들은 세계보건기구WHO가 동성애를 질병 분류 목록에서 제외한 날을 기념하여 제정된 '국제 성소수자 혐오 반대의 날'에 공동 선언문을 발표하고 있다. 2019년도에도 '성소수자에 대한 혐오, 차별이 존재하는 현실을 부수기 위해 우리의 존재를 더 많이 드러내고 투쟁해 나갈 것을 결의한다'고 선언하고, '혐오와 차별에 맞서 평등과 안전을 빛내자' '우리는 여기 있다 성소수자 삭제 말라' '성소수자 인권 없이 성평등도 없다' 등의 구호를 외치며 행진하기도 했다.[70] 퀴어문화축제 역시 집단적인 대항표현의 사례라고 볼 수 있다. 개인적 대항표현이 현장에서 할 수 없는 일들을, 집단적 대항표현은 단체와 공동체의 힘을 통해 지속시키는 것이다.

르푸트르는 "필요한 것은 혐오표현의 표적 집단이 그 자리
에서 응수하는 것이 아니라, 장기간에 걸쳐 그들의 혐오적인 견
해에 분명하게 문제를 제기하는 것일지도 모른다. 예컨대 대중
매체 캠페인을 통해서 말이다"[71]라고 이야기한다. 말대꾸가 꼭 현
장에서의 사적인 말대꾸일 필요는 없다는 것이다. 겔버 역시 그
런 장기적이고 집단적인 대항표현의 다양한 사례들을 소개한다.

혐오표현이 길거리에서 우연히 발생했다면, 피해자 그리고/또
는 피해자 집단은 인근 지역 내에서 지역신문을 제작해 배포함
으로써 대응하는 방법을 선택할 수 있다. … 만일 어떤 혐오표
현이 직장과 같은 좀 더 공적인 장소에서 발생했다면, 예비 대
응화자는 그 직장 내에서 반인종차별 프로그램의 개발을 도울
수 있다. 만일 혐오표현이 언론에서 발생한다면, 대응화자는
동일한 시청자나 구독자들이 시청/구독하는 동일한 매체에 반
론의 권리를 요구할 수 있다.[72]

철학자 리사 H. 슈와르츠만Lisa H. Schwartzman에 따르면
"변화는 수신자의 개별적인 응답에 의해 갑자기 발생하지 않는
다. 오히려 그것은 공적으로, 조금 더 긍정적인 방식으로 수신자

들 스스로를 정의하고 억압된 집단의 권력을 증가시키는 정치
적이며 집단적인 저항 행위들을 통해 오랜 시간에 걸쳐 발생한
다".[73] 자유, 평등, 해방을 요구함으로써 억압에 도전하는 사회적
인 운동들이 사회에 변화를 야기할 수 있다는 것이다.[74] '국제 성
소수자 혐오 반대의 날 공동행동'이나 '퀴어문화축제'와 같은 시
민사회의 연대는, 혐오를 좌시하지 않겠다는 천명과 더불어 혐
오표현으로 인해 위태로운 삶을 살아가야 하는 성소수자들에게
연대와 지지의 메시지를 전달함으로써 보다 정의로운 사회로 만
드는 데 일조한다.

국가 차원의
말대꾸

집단적인 대항표현에도 한계가 있기는 하다. 혐오표현의
피해자들이 연대하여 되받아친다고 하더라도, 그것이 그들의 존
엄성을 '공적으로' 보장해 주는 데 얼마나 효과적인지는 분명하
지 않다. 또한 언어철학자들이 지적하듯이, 혐오표현의 표적 집
단들은 혐오표현의 해악을 막는 데 필요한 권위를 갖고 있지 않
은 경우가 많다. 혐오표현의 표적 집단은 일반적으로 소수자 집
단의 구성원이기 때문이다. 즉, "당신과 같은 부류의 사람들은

여기서 환영받지 못한다"라는 혐오표현의 메시지에 단순히 "아니오, 우리는 환영받습니다!"라고 말해서는 대항할 수가 없다.[75] 집단적으로 혐오표현에 대응한다 하더라도 중과부적衆寡不敵인 것이다.

그렇다면 권위를 가진 국가가 대항표현의 화자로 대신 나설 수 있다. "사회의 다른 구성원과 마찬가지로 성소수자 또한 그 자체로 존중받고 평등과 자유를 누릴 권리가 있다" "어떤 상황에서도 혐오와 차별의 대상이 되어서는 안 된다"[76]라는 국가인권위원장의 발언, "사회적 이슈에 대한 다양한 의견은 마땅히 존중되어야 하지만 극단적인 대립이나 혐오 양상으로 표출되는 것은 바람직하지 않다" "가정과 직장, 다중이용시설, 사이버 공간에서 폭력, 혐오가 여전히 빈번하게 발생하고 있다"[77]라는 대통령의 발언은, 모두 권위를 가진 공직자가 직접적으로 혐오표현을 비판한 대항표현이라는 점에서 그 자체로 아주 강력한 메시지를 사회에 전달한다.

이렇게 피해자 개인이나 표적 집단이 아니라, 그들을 대신하는 보다 권위 있는 공직자나 제3자가 주체가 되는 대항표현을 '국가 중심 대항표현state-based counter speech'이라 한다. 정치학자 코리 브렛슈나이더Corey Brettschneider는 저서《국가가 말을 한다면, 무엇을 말해야 하는가?》에서 국가가 공직자들로 하여금 인간 존엄성의 이상을 단언하는 방식으로 혐오표현에 목소리를 내도록 독려해야 한다고 설명한다. 국가만이 말대꾸를 위한 여러 도구들을 갖고 있기 때문이다. 이런 국가 중심의 말대꾸는 형식적인 공론장에서의 공적 선언, 공공장소 지명, 공휴일 제정 등 다양한 루트를 통해서 가능하다. 나아가 그는 공직자들이 공공연한 혐오표현의 특정 사례를 비난함으로써 직접 말대꾸를 해야 한다고 주장한다.[78]

국가 중심 대항표현은 시민사회의 대항표현이 갖는 부작용들을 최소화한다. "첫째, 이 해결책은 혐오표현의 피해자가 되받아쳐 말하는 것과 조화되기는 하지만, 대응하도록 요구받는 주된 대상은 피해자들이 아니다. 오히려 이 작업은 주로 공무원 또는 … 제3자에게 위임된다. 따라서 이 해결책은 덜 불공평해 보인다. 둘째, 국가공무원은 많은 시민 개개인과 달리, 존엄성에 대한 공적 확신을 공격하려는 혐오표현의 시도에 권위를 갖고 문제를 제기할 수 있는 경우가 많다."[79] 그래서 르푸르트는 국가 중심 대항표현이 혐오표현의 해악(인간 존엄성에 대한 확신의 파괴)을 막을 수 있다고 주장한다. "끔찍한 견해가 법적으로 처벌되지 않고 [각종 미디어에] 방영될 때 … 공무원이 그들을 비난하는 것만으로도 존엄성에 대한 공적인 확신을 유지하기에 충분"[80] 하다는 것이다.

공직자들은 국민 전체의 봉사자로서 국가의 정책을 운용하고 집행하는 막중한 역할을 하고 있기 때문에, 더더욱 혐오표현에 경각심을 가져야 한다. 인권을 존중하고 민주주의와 평등이라는 가치를 솔선해서 체현해야 하며, 혐오표현이 국가 구성원들의 삶을 위협한다는 인식하에 혐오표현에 반대한다는 의사를 명시적으로 밝히고 대응하려고 노력해야 한다. 시민 개개인들에 비해 권위를 가지고 있는 공직자나 정부 기관, 대통령이 혐오의 정치를 직접적으로 비난한 사례는 혐오표현의 피해자들도 존엄하고 동등한 시민이라는 것을 재확인할 수 있게 해 주고, 국가가 그들의 편에 서 있다는 강한 확신을 제공해 준다. 국가 중심 대항표현은 다음과 같은 메시지를 사회에 보낸다.

국가는 다음과 같이 말하고 있는 것이다: '우리는 당신이 그런 말을 들어야 했다는 것에 유감을 표합니다. 불행히도 일부 개인들이 여전히 이런 말을 믿는다는 것은 사실입니다. 그러나 **국민 전체를 대신하여** 우리는 당신 곁에 서서 확신을 줄 것이고, 당신이 이방인이 아니라 그들이 이방인이며, 그들이 말한

것은 공허한 위협으로 그치게 할 것을 보장하겠습니다'⁸¹

"오늘 우리는 '혐오의 시대'와 결별을
선언한다"

보다 간접적인 대응 방식도 존재한다. 독립적인 차별시정 기구인 국가인권위원회는 '걷잡을 수 없는 속도와 방식으로 소수자를 향한 혐오표현이 확산되고 있다'는 문제의식 아래, 2019년 '혐오차별 대응 특별추진위원회'를 출범시켰다.

추진위는 출범 선언문에서 혐오의 문제를 "사회 모든 구성원이 단호하게 대응해야 할 과제"로 정의하면서 "오늘 우리는 '혐오의 시대'와 결별을 선언한다"라고 천명한다. 나아가 혐오와 차별의 문제점에 대한 사회적 공감대를 넓히고 혐오차별 예방 및 자율 규제를 위한 가이드라인을 공공기관과 학교에 보급하며, 공공분야 종사자를 대상으로 혐오차별 예방 및 대응 교육을 우선 실행할 예정이라고 이야기하기도 한다.⁸² 이러한 인권위의 활동은, 간접적인 방식의 국가 중심 대항표현이라고 할 수 있을 것이다.

브렛슈나이더는 크게 2가지 방식의 간접적 국가 중심 대항표현을 제안한다. 첫째, 인권단체와 같은 민간단체에 자금을 지원할 수 있다. 이 단체의 기능에는 혐오표현의 발생을 공개적으로 비난하는 것이 포함된다. 이는 혐오표현이 시도하는 해악을 차단하는 권한을 제3자에게 부여함으로써 혐오표현의 표적 집단에 제도적 지원을 제공하는 것이다.[83] 둘째, 홀로코스트Holocaust와 같은 역사적 사건을 어린이들에게 가르치고 그들을 민주적 가치에 노출시키는 공교육 과정을 통해 혐오스러운 견해에 반대하는 목소리를 낼 수 있다.[84·85]

겔버는 간접적인 대항표현을 가능하게 하고 이를 제도적으로 보장하는 정책인 '말대꾸 정책speaking back policy'을 제안한다. 말대꾸 정책은 "혐오표현의 영향을 극복하기 위해 제도적, 물질적, 교육적으로 지원하는 역량 지향적인 표현 정책을 의미한다. 이는 혐오표현의 효과를 논박하고 대항하고자 하는 사람들에게 지원형 대응을 제공해 주는 것"[86]으로서, 여기에서 국가는 제도적 지원을 통해 대항표현을 간접적으로 보조하는 역할을 맡는다. 겔버에 따르면 말대꾸 정책은 "처벌 지향적이거나 규제 지향적인 것에 반대되는 보조 지향적인 것"[87]이며, "이전에는 대립되었던 표현 정책의 목적들을 통합할 수 있다".[88] 즉, 혐오표현의 피해를 개선하려는 목적과 표현의 자유를 지키려는 목적이 함께 충족될 수 있다는 것이다.

혐오표현 문제에 있어서 국가의 모습을 생각할 때, 우리는 흔히 국가가 혐오를 수수방관하면서 멀찌감치 물러서 있거나, 개입해서 규제하고 처벌하는 그림을 떠올린다. 브렛슈나이더는 이것이 잘못된 이분법이라고 주장한다. 그는 국가가 국민의 자유를 실질적으로 위협하는 방식으로 시민의 발언을 감시하고 통제하는 한쪽의 극단적인 사회를 '혐오를 금지하는 사회Hate-banning Society' 또는 '침략 국가Invasive State'라고 부른다. 한편 혐오표현이 번성하여 해악을 끼치는 데 성공하는 다른 한쪽의 극단적인 사회를 '혐오스러운 사회Hateful Society'라고 지칭한다. 이런 두 극단의 사회('혐오를 금지하는 사회'와 '혐오스러운 사회')는 모두 바람직하지 않다.

반면 국가가 혐오표현의 해악을 막기 위해 개입하지만, 시민들의 자유는 막지 않고서 개입하는 사회가 있다. 브렛슈나이더는 이를 '혐오를 허용하는 사회Hate-allowing Society'라고 일컫는다. '혐오를 허용하는 사회'는 '혐오를 금지하는 사회'나 '혐오스러운 사회'와 달리, 혐오표현을 허용하면서도 금지가 아닌 대항표현을 통해 개입하는 사회다.[89]

이런 논의들은 우리가 혐오표현과 표현의 자유, 그리고 대항표현을 조화시킬 수 있음을 보여 준다. 혐오표현이 넘쳐 나는 데 국가가 아무것도 하지 않는 '혐오스러운 사회'도, 혐오표현을 강제로 억누르는 '침략 국가'도 아닌, 국가가 혐오에 개입하는 '혐오를 허용하는 사회'가 우리가 나아가야 할 방향인 것이다. 우리는 연대하여 혐오에 집단적으로 대응하거나, 국가가 나서서 대신 말대꾸하게 할 수 있다. 성소수자들의 투쟁에 여성들이 연대하여 외친 구호처럼, "우리는 연결될수록 강한"[90] 것이다.

좀 더 교묘한 혐오표현은
어떻게 해야 하는 걸까?

많은 경우 혐오표현들은 누가 봐도 알 수 있을 만큼 직접적이
지만, 대부분 좀 더 모호하고 교묘하여 알아차리기 힘든 형태로
제시된다. 학자들은 이런 혐오표현을 '암호화된 혐오표현coded
hate speech'이라고 일컫는다.

학문적인 형태를 띤 혐오표현들이 그런 경우다. "여성들을
기업에서 채용하지 않는 것에는 다 이유가 있다"거나 "동성애자
들은 에이즈 고위험군이다" 같은 표현들은, 여성이나 동성애자
들을 향해 직접적인 욕설을 하지 않았다 하더라도 당사자들을
폄하한다.

이런 혐오표현의 경우엔 직접적으로 무엇을 선동하고 차별하는지 파악하기가 쉽지 않다. 그렇기 때문에 혐오표현을 규제한다고 해도, 빠져나갈 가능성이 높다. 헨리 루이스 게이츠 주니어가 제시하는 화자 A와 B의 혐오표현을 비교해 보자.

A: 레논, 네가 교실 안에서 발버둥치고 있는 게 네 잘못은 아니라는 걸 깨달아야 해. 그건 단지 네가 이처럼 버거운 교육적 환경에 있을 자격이 부족하고, 준비가 부족하며, 종종 재능이 부족한 흑인 학생들을 위해 마련된 혼란스러운 소수자 우대 정책의 수혜자이기 때문이야. 그 정책이 의도하는 평등주의적인 목적은 좋을지 모르지만, 아프리카계 미국인들의 적성검사 표준 편차가 대개 평균 이하라는 사실을 고려해 본다면, 그 정책은 사회경제적인 차이를 조정하고 있을지는 몰라도 심각하게 잘못된 거야. 어쩌면 진실은 네가 여기 속해 있지 않다는 것이고, 너의 대학 생활은 앞으로 더욱 험난해지고 악화될 예정이라는 것이지.

B: 나한테서 꺼져, 정글 원숭아.

A와 B, 두 사례 중에서 어떤 것이 청자에게 더 많은 상처를 입힐까? 게이츠는 A의 암호화된 혐오표현이 청자를 더욱 소외 시키는 표현이라고 주장하면서, 단순히 '상스러운' 혐오표현에 만 관심을 두는 혐오표현 규제옹호론자들은 오로지 B의 표현만 반대하고 A의 표현은 허용할 것이라고 주장한다. A는 직접적인 욕설을 하고 있지 않고, 사실에 기반한 것처럼 보이는 세련된 수 사를 구사하고 있으며, 표현만 놓고 보았을 때는 명시적인 '혐오 가 들어 있는 표현hate-filled speech'이 아니기 때문이다.

　　만약 B의 표현 같은 상스러운 혐오표현만 제재한다면, 어 째서 혐오표현에 해당하는지를 정확히 짚어 내기 어려운 '암호 화된 혐오표현'은 빠져나갈 공산이 있다. 이런 경우에는 어떻게 해야 하는 걸까? 암호화된 혐오표현의 존재는 법적 규제에 비해 사회적 규제인 대항표현이 더 나은 해결책임을 말해 주는 것일 까?

　　철학자 막심 르푸트르는 그렇다고 본다. 그에 따르면 비하 적인 표현은 종종 식별하기가 어려운 형식을 취하는데, 직접적 으로 주장되기보다는 전제되기presupposed 때문에 그렇다. "흑 인들은 게으르다"라고 직접 말하지 않고 "흑인이라도 그 일은 할 수 있다"라고 말함으로써 흑인들은 게으르다는 편견을 암시

한다는 것이다. 이렇게 숨어 있는 전제를 파악하지 못하거나 당연시하고 넘어간다면, 혐오표현을 방관하는 것과 마찬가지가 된다.

암호화된 혐오표현의 존재는 대항표현의 어려움을 보여준다. 하지만 대항표현의 필요성을 역으로 입증해 주기도 한다. 르푸트르는 "흑인이라도 그 일은 할 수 있다니, 그게 무슨 말인가요? 우리는 그런 견해를 용납하지 않아요!"라는 식으로 암호화된 혐오표현에 숨겨진 전제를 파악하여 대응할 수 있다고 주장한다. 암호화된 혐오표현을 인지하고 이에 대응하는 데는 텍스트를 이해하고 수용하고 독해할 수 있는 능력, 즉 '리터러시Literacy'가 중요한 것이다. 대항표현을 통해 혐오표현을 보다 효과적인 방식으로 논박하기 위해선, 겉으로 보기엔 멀쩡해 보이는 표현들 속에 숨겨져 있는 혐오를 분석하고 발굴할 수 있어야 한다.

Freedom

그럼에도 혐오할
자유가 있다고
말한다면

표현의 자유

# of Speech

전체 인류 중 한 사람만 다른 의견을 가지고 있고,

나머지 인류 전체가 단일한 견해를 가지고 있다고 했을 때,

그 한 사람이 권력을 가졌다고 해서

나머지 인류를 침묵시키는 것이 정당화되지 않듯이,

인류 전체가 그 한 사람을 침묵시키는 것 역시 정당화될 수 없다.

-

존 스튜어트 밀, 《자유론》

그것이 표현이라고 치면, 그것은 무슨 일을 하는가?

우리는 그것이 행해지기를 원하는가?

그것을 억누름으로써 우리는 얻는 것이 더 많은가,

잃는 것이 더 많은가?

-

스탠리 피시, 《표현의 자유란 없다, 그래서 좋은 것이다》

표현의 자유Freedom of Speech는 개인이나 공동체가 보복, 검열 또는 법적 제재에 대한 공포 없이 자신들의 견해와 의견을 분명히 말할 수 있는 자유를 지지하는 원칙이다. 이 원칙은 한국 사회뿐 아니라 대부분의 민주주의 사회에서 중요한 가치로 여겨진다. 표현의 자유에 대한 제약은 시민들의 상당한 반발을 불러일으키며, 역사상 많은 인권 선언들도 표현의 자유에 특별한 우월성을 부여해 왔다. 외딴 무인도에 홀로 고립된 로빈슨 크루소에게는 표현의 자유가 그다지 중요하지 않겠지만, 표현을 통해 타인과 상호 작용하는 사회적 존재로서의 인간에게 표현의 자유는 핵심적인 권리이기 때문이다.

표현은 항상 가정된 어떤 가치관의 영역 내에서 생산된다.[1] 이런 점에서 표현의 자유는 그 자체로 목적을 갖는 독립적 가치라기보다, 사회에서 중요하다고 여겨지는 다른 가치들을 위한 수단적 가치의 성격을 띤 일종의 사회적 재화다. 따라서 무제한 적이고 절대적인 것으로 간주될 수 없으며, 항상 표현의 자유가 옹호하고 궁극적으로 지향하고자 하는 다른 사회적 가치들과 동 반되어 제시될 수밖에 없다.

이 장에서는 다양한 사회적·정치적·도덕적·철학적 가치들에 근거하여 표현의 자유를 옹호하는 사람들의 논증 중 5가지(진리 논증, 권리 논증, 민주주의 논증, 미끄러운 경사면 논증, 역량 논증)를 소개하고, 표현의 자유가 어째서 중요한지, 또 어째서 위험할 수 있는지에 대한 여러 사유들을 하나씩 짚어 본다.

표현의 자유는 혐오표현과 늘 갈등과 긴장 관계에 있다. 혐오표현을 둘러싼 논쟁들은 십중팔구 표현의 자유에 대한 찬반 논쟁으로 이어지며, 논쟁들은 공론장이라기보다 거의 전쟁터나 다름없다. '혐오할 자유 따위는 없다'는 쪽에서는 불가피하게 표현의 자유에 대한 제약을 이야기할 수밖에 없다고 주장하며, 반대하는 쪽에서는 '혐오표현도 어쩔 수 없이 관용해야 한다'거나 심지어 '혐오표현을 할 자유도 존재한다'고 주장한다. 한쪽에서는 혐오할 자유도 있다고 목소리를 높이고, 다른 한쪽에선 그런 자유는 존재하지 않는다고 성토하는 것이다. 과연 어느 쪽의 주장이 타당한 것일까? 지금부터 살펴볼 5가지 논증을 통해, 표현의 자유 옹호론이 혐오를 표현할 자유가 있다는 주장의 근거가될 수 있는지, 또 대항표현에서는 어떤 역할을 할 수 있는지 검토해 보자.

진리 논증

표현은 우리를 진리로
이끈다

표현의 자유가 갖는 중요성에 대한 뛰어난 통찰로 세계적인 고전의 반열에 오른 존 스튜어트 밀John Stuart Mill의 《자유론》에 따르면, 표현은 우리를 '진리Truth'로 이끌어 주기 때문에 중요하다. 이러한 밀 식의 표현의 자유 옹호론을 '진리 논증The argument from truth'이라고 한다. 진리 논증에 따르면 사상과 의견에 대한 토론은 새로운 사상 그리고 지식을 전파한다는 점에서 '진리'를 획득하게끔 만들어 준다.

여기서 '진리'라는 용어는 사건을 가장 합리적이고 이성적으로 해석하는 것을 의미한다. "지구가 태양 주변을 돈다"는 과학적인 명제나, "만인은 법 앞에 평등하다"와 같은 정치적인 명제들은 모두 전통이라는 이름의 편견과 고정관념에서 탈피하여 인류의 과학적·사회적·역사적 진보를 이룩하게 만든 진리를 담고 있는 표현들이라 할 수 있다. 내부 고발자나 범죄 현장을 목격한 증인의 제보, 정책 결정에 관한 전문가의 의견들도 어떤 종류의 진리를 발견하는 데 도움을 준다. 표현의 자유를 박탈하면 이러한 인류의 역사적 진보와 사회적 발전은 불가능해진다.

다소 엉뚱하고 괴짜같이 보인다는 이유로 당대에 무시당한 소수의 견해들이 후대에 이르러서는 옳은 것으로 밝혀져 사후적으로 재평가받는 경우를 생각해 보면, 표현의 자유를 억압하는 것은 일종의 지적인 안일함이며, 그 대가는 인간의 도덕적 용기의 희생이다. 따라서 밀은 우리의 논증들을 논리적 한계까지 밀고 나가기 위해 '완전한 표현의 자유'를 요청해야 한다고 주장한다. 또한 표현이 다루는 주제가 무엇이든, 그 표현이 다른 이에게 비도덕적인 것으로 보인다 하더라도 드러내고 주장하며 토론할 수 있는 자유가 존재해야 한다고 말한다. 심지어 이질적인 견해를 가지고 있는 사람이 극소수라 하더라도 그들에게 동등한 표현의 기회를 주고 그들의 견해를 보호해야 한다. 혐오스럽고 거칠고 조악한 표현이어도, 그것을 억누르기보다는 소수 의견들이 담지할 수도 있는 진리의 획득을 위해서 허용해야 하는 것이다. 만약 재갈을 물린다면 독창적이고 기발한 의견을 힘으로 묵살하는 독단과 편협한 전체주의만 존재할 것이다. 이러한 밀의 진리 논증은 현대의 표현의 자유 옹호론에서 '사상의 시장 Marketplace of Ideas'이라는 개념으로 되풀이된다. 이 개념을 처음 사용한 미국의 대법관 올리버 웬델 홈즈 주니어Oliver Wendell Holmes Jr.는 자유시장이라는 경제용어에 빗대어 표현의 자유를 옹호한다. 자유시장 속에서 소비자의 욕구를 가장 잘 충족시켜 주는 상품이 선택되듯이, 자유로운 토론이 가능한 사상의 시장 속에서만 좀 더 진리에 가까운 사상이 선택될 수 있다는 것이다.

표현의 자유는 우리를 진리로 이끌며, 진실을 알리는 용기 있는 제보는 세상을 변화시킬 수 있다. 전국을 뒤흔들었던 민간인에 의한 국정농단 사건의 최초 고발자가 국정조사 청문회와 언론과의 인터뷰 등을 통해 사건과 관련된 여러 가지 진실을 세상에 공개하여 박근혜 전 대통령 탄핵의 단초를 제공했던 것이 그 예다.[2] 가짜 뉴스나 5·18 북한군 개입설에 맞서는 대항표현도 사실이나 진리를 근거로 화자의 주장을 논박해 거짓을 밝혀낸다는 점에서 진리 논증과 맞닿아 있다고 할 수 있다.

사실을 통한 반박이나 정당한 비판, 사실이거나 사실일 수도 있는 문제 제기를 규제한다면 '진리'이거나 '진리일 수도 있는' 표현마저도 침묵당할 수 있다. 예컨대 한 국회의원은 '사실적시 명예훼손죄'[3,4]로 고발당했다.[5] 소속사로부터 성상납을 강요받고 폭행당해 온 사실을 남겨 진실을 알리고자 한 어느 여배우의 문서에서, 가해자로 지목된 사람의 이름을 국회 대정부질의 중에 언급했기 때문이다.

전 검사장과 검찰청 내부의 성추행과 성폭력 사실을 폭로하면서 '미투 운동Me Too Movement'을 촉발시켰던 검사는 이런 폭로로 인해 고소·고발의 위협이 있지 않겠냐는 질문을 받았다. 그는 "명예훼손으로 고소하면 위헌법률심판 소송을 해서라도 다퉈 볼 생각"[6]이라고 답했지만, 명예훼손죄는 허위사실뿐 아니라 진실마저도 처벌한다는 점에서 부패나 범죄, 성폭력 사실을 증언하거나 이런 의혹을 제기하는 사람들의 입에 재갈을 물리면서 표현의 자유를 위협할 가능성이 크다. 자유 민주주의 사회에서는 어떤 것이 진실인지 허위인지 바로 알기 힘들다가 보강된 정보나 권력의 변화, 추가 수사, 과학의 발전으로 인해 판명 나는 경우가 종종 있기 때문에, 사상과 표현을 제약하여 진리의 발견을 가로막아서는 안 되는 것이다.

진리와 관련이 없는

표현들

그러나 진리 논증은 그 자체로 약점이 있다. 이 논증은 표현에 대한 제약을 최소로 하는 조건들 속에서만 '진리'가 가장 잘 출현할 수 있다고 가정한다. 즉, '진리의 추구'가 무엇보다도 중요한 가치라는 가정에 의지하고 있기 때문에, 표현에 대한 규제나 금지를 긴급하게 요청하는 다른(영업 기밀 혹은 명예훼손과 같은) 경쟁적 가치들을 고려하지 않는다.

또한 표현이 진리를 증가시킨다는 것은 증거가 필요한 경험적 주장이다. 많은 표현들은 '진리의 추구'에 기여하는 것으로 간주하기 어렵다. "일본 국민이 신앙적으로 볼 때 너무나 하나님을 멀리하고 우상숭배, 무신론, 물질주의로 나가기 때문에" 동일본대지진은 "하나님의 경고가 아닌가 하는 생각이 든다"[7]라는 표현, 2005년 미국 남동부에서 발생한 허리케인 재해는 "동성연애 호모섹스에 대한 심판"[8]이라는 표현도 마찬가지다. 재난과 자연재해에 대한 과학적 추론을 방해하는 이런 표현들도 '진리'를 신장시킬까?

최근 많은 우려를 낳고 있는 '가짜 뉴스' 문제도 그렇다. 어느 단체는 '댓글 부대'를 양성하고, 이들에게 가짜 뉴스를 만들어 인터넷 여론을 조정하는 작업을 시켰다. 이들이 지속적으로 유포한 가짜 뉴스는 난민 혐오 콘텐츠였는데, "스웨덴에서 발생한 성폭력의 92%가 이슬람 난민에 의한 것이고 피해자 절반이 아동이다" "아프간 이민자의 성범죄율이 내국인보다 79배가 높다" "시리아 난민이 동물원에서 조랑말을 강간했다" "무슬림 늘어나면 강간율 커진다"[9] 등이었다. 이와 같이 출처도 알 수 없고 근거도 알 수 없는 가짜 뉴스들도 '진리'를 위해서 막지 말아야 하는 것일까?

진리 논증으로 표현의 자유를 옹호할 수 있다고 믿는 사람들의 생각과 달리, 비판자들은 혐오표현이 대체 진리와 무슨 관련이 있냐고 반문한다. 1장에서 살펴보았듯이, 혐오표현의 주된 기능 중 하나는 피해자를 '모욕'하는 것이지, 진리의 발견이 아니다. "5·18은 북한군이 개입해 일으킨 폭동"[10]이라는 표현은 오히려 '역사적 진실'을 부정하고 왜곡함으로써 광주민주화운동 피해자 유가족들에게 고통을 준다. 가해자의 의도는 "진리를 발견하거나 사회적 행위를 옹호하는 것이 아니라, 피해자를 모욕하는 것"[11]이며, "대화를 개시하는 것이 아니라, 피해자에게 상처를 주는 것"[12]이다.

물론 사상과 표현이 진리에 이바지한 경우는 많았고, 새로운 견해들이 인류의 학문적 발전과 정치적 진보를 가능하게 했던 적도 많았다. 그러나 진리 논증은 혐오표현처럼 진리와 관련 없는 표현들이 진리와 어떤 관계가 있는지를 입증해야 할 책임이 있으며, 혐오표현 피해자들의 상처와 수치심 정도는 진리를 발견하기 위해 희생될 수 있다고 보는 점에서 문제가 있다.

우리는 무엇이 진실인지 허위인지 알 수 없고, 사실의 여부보다는 일단 감정에 대한 호소가 더 중요해진 소위 '탈진실post-truth 시대'를 살고 있다. 범람하고 있는 가짜 뉴스, 그리고 그 안에서 소수자를 겨냥한 거짓 선동을 시도하는 혐오표현을 바라보면, 밀의 진리 논증은 어딘지 취약해 보인다.

중립주의의
허점

밀은 다른 식으로 표현의 자유를 옹호하기도 한다. 표현의 자유는 개인의 '자기 발전self-development' 및 '자기 완수self-fulfillment'를 가능하게 한다는 것이다.

자신의 의견을 조리 있게 제시하고 표출하는 사람은 직장과 사회, 가정 등에서 진취적인 사람일 것이다. 표현의 자유를 보장받는 사람은 다양한 영역에서 자신의 창조성과 개성을 신장시킬 수 있을 것이다. 표현에 참여하는 과정은 자기 발전을 통한 개인성 구축의 필요조건이다. 많은 국가들이 시민들의 의사 표현을 최대한 법으로 보장하고자 노력하며, 정부가 시민의 표현 활동에 개입하면 자유의 향유와 개개인의 발전을 가로막는다고 비판받는 이유다.

표현이 개인의 자기 발전을 증진시킨다는 주장은, 정부의 무분별한 표현 규제에 반대하는 강력한 근거가 될 수 있다. 영국 소설가 조지 오웰George Orwell의 《1984》에 나오는 것과 같은 '빅브라더'를 떠올려 보자. '빅브라더'는 사회를 보호하고 재난을 방지한다는 이유로 '텔레스크린'을 통해 사회를 끊임없이 단속한다. 시민 개개인에게 전달되는 정보를 왜곡하고 감시하는 '빅브라더'가 지배하는 사회에서는 당연히 개인들의 자기 발전이 있을 수 없을 것이다.

재미있는 것은, 밀이 자기 발전을 가능하게 하는 표현의 기준을 정해 놓지 말아야 한다고 생각했다는 점이다. 모든 개인들은 자기 발전의 과정에 참여해야 하며, 다소 비주류적이고 이론의 여지가 있는 표현도 이 과정에 필수적이다. 그는 '좋은' 표현과 '나쁜' 표현 혹은 '고차원적인' 표현과 '저차원적인' 표현을 따로 구분하고 있지 않다. 이를 밀의 '중립주의 원칙'이라고 한다.

이런 견해를 밀고 나간다면 혐오표현 역시 개인들의 자기 발전에 간접적으로 기여할 수 있으므로 관용해야 한다고 주장할 수도 있다. 인종차별적인 혐오표현도 자기 발전에 도움이 된다면 내버려 둬야 한다는 극단적인 견해로 이어질 수 있는 것이다.

하지만 표현에 참여하는 것이 자기 발전을 가능하게 한다는 것을 인정한다 하더라도, 한 개인이 자기 발전에 도움이 된다고 생각하는 표현이 다른 개인들의 발전과 충돌하거나 그들의 발전을 저해할 수 있다. 당연히 소수자를 모욕하고 이들을 향한 차별을 선동하는 혐오표현이 그러하다.

한국양성평등교육진흥원과 서울YWCA가 함께 분석한 온라인 커뮤니티 내 여성 혐오표현 사례를 살펴보자. "(전업주부) 니들은 아침저녁 꼬박꼬박 서방님께 해 드리고 말 잘 듣고 집안일 다 하는 게 맞지!" "임산부 걸레X들은 뭘 자랑이라고 돌아다니냐?"[13] 같은 표현들을 보자. 이런 표현들이 여성 개개인의 '자기 발전'을 가능하게 할 수 있을까? "정신 차리고 남자로 살아라"[14] "다수를 이기려 들지 말고 일해라"[15] "만약 내 옆에 저런 것들이 있으면 다 때려죽이겠다"[16] 같은 성소수자 혐오표현들을 보자. 이런 표현들마저도 개인의 자기 발전을 이유로 내버려 둬야 하는 것일까? 혐오표현을 들은 피해자들의 자기 발전은 어떻게 해야 하는 것일까? 존 스튜어트 밀은 표현의 자유를 옹호하는 선구적인 역할을 했지만, 그의 논리로 혐오표현까지 옹호하기에는 분명히 한계가 있다.

권리 논증

혐오할 권리를 존중해야 한다?

극우 성향의 네티즌들이 모여 있는 곳으로 잘 알려진 일간베스트(일베) 회원들은, 세월호 참사 유가족들의 단식 투쟁이 있었던 광화문에서 '폭식 투쟁'을 벌였다. 이 사건은 많은 이들의 기억 속에 굉장히 모욕적이며 패륜적인 장면으로 남아 있다. 일베가 세월호 유가족들을 조롱하면서 '폭식 투쟁'을 행하는 것도 '권리'라고 볼 수 있을까?

한 대학 내 학보사는 "사실 남자는 여자를 좋아하고 여자는 남자를 좋아하는 게 일반적인 인식"이라고 말하는 학생을 옹호하고, 이 발언에 사과를 요구했던 사람들을 거칠다고 비판하면서 "민주주의 사회에서는 어떤 의견이든 말할 수 있고 모든 의견이 존중받아야 한다"라며 성소수자 혐오도 존중해야 한다는 식의 칼럼을 실었다.[17] 기독교 종파 연합 단체장은 "앞으로 어떤 일이 있어도 사회적 합의조차 되지 않고 뜻도 불분명한 '혐오' '증오' 등을 이유로 국민의 표현·양심·사상·종교·학문의 자유를 제한하려고 해선 안 된다"라며 "대한민국 국민은 건강한 사회를 위해 동성애와 이슬람, 이단에 대한 비판을 자유롭게 할 수 있어야 한다"[18]라고 발언하기도 했다. 이런 소수자 혐오표현도 개인의 '권리'일 수 있을까? 남을 혐오할 수 있는 권리도 있는 것일까?

아마 로널드 드워킨Ronald Dworkin은 그렇다고 볼 것 같다. 정치철학자이자 법철학자인 드워킨에 따르면, 표현의 자유는 그것의 보유나 행사에 뒤따르는 어떤 결과와도 관련 없이 개인들에게 내재적인 가치로 간주되어야 한다. 자유 민주주의 사회에서 시민들은 기회의 평등이나 인간 존엄성과 같은 기본적이고 주요한 자유에 대해 권리들을 갖는 것과 마찬가지로, 표현의 자유에 대하여 어떤 '권리'를 갖는다는 것이다. 드워킨의 이러한 입장을 '권리 논증The argument from right'이라 한다.

이 논증에 의하면, 개인의 권리들은 정치적인 으뜸패political trumps로 행위한다. 카드놀이에서 가장 높은 패가 다른 모든 패들을 누를 수 있듯이, 목표가 대립되는 상황에서는 개인이 가지고 있는 권리들이 보편 복지와 같이 전체에 이익이 된다는 이유로 개인의 권리를 부정하고 희생시키려는 공리주의적인 정책들을 이긴다는 것이다. 즉, '양심의 자유'나 '사상의 자유' '표현의 자유'와 같은 개인의 권리를 공공의 이익이라는 이름으로 제한할 수는 없다.

표현의 자유라는 권리가 어떻게 도출된다는 것일까? 드워킨은 근본적이고 양도 불가능한 권리라고 여겨지는 평등 개념에 기반하여, 표현의 자유를 개인적이고 양도 불가능한 '권리'로 정립시킨다.

민주주의 사회에서 모든 시민은 평등하다고 간주된다. 민주주의 사회는 시민들에 대한 '평등한 배려와 존중equal concern and respect'을 기반으로 성립된다. 개인들은 기본적으로 표현의 자유에 대한 권리를 가지고 있으며, 표현의 자유에 대한 모든 침해는 정부가 모든 시민에게 평등한 기회를 분배해야 한다는 근본적인 원칙의 침해를 뜻한다. 표현의 자유는 평등 권리에서 파생된 것이기 때문에, 동등한 기회의 분배가 이루어지도록 하기 위해서는 시민이 아니라 정부의 권력이 제약되어야 마땅하다.

표현의 자유를 불가침한 개인의 권리로 바라보는 드워킨

식의 권리 논증이 극한으로 적용된다면, 카페 출입문 옆에 붙어 있는 "고등학생 이하 출입 금지"[19]라는 안내문이나 "아이들은 받지 않는다. 나가 달라"[20] 같은 종업원의 발언들 역시 "업주의 영업상 자유" 또는 "'노 키즈 존No Kids Zone'이 싫으면 다른 곳으로 가면 그만이기 때문에 문제될 것이 없다"[21]라는 식으로 정당화될 수 있다. 이를테면 어린이 동화작가인 전 군은 동생과 함께 들른 레스토랑에서 "들어오면 안 돼요" "여기는 노키즈 존이야. 애들은 여기 못 들어온다는 뜻이야"라는 점원의 말을 듣고 쫓겨나야 했다. 이 사건을 일기에 쓰면서 전 군은 "난 생각한다. 어른들이 편히 있고 싶어 하는 그 권리보다 아이들이 가게에 들어올 수 있는 권리가 더 중요하다는 것을… 그 어린이들이 커서 어른이 되는 거니까. 어른들은 잊고 있었나 보다. 어른들도 그 어린이였다는 사실을"[22]이라고 서술했다. 전 군이 동생과 식사할 수 없게 만든 '노 키즈 존' 표시는 업주의 영업 방침이며 고유한 기본권인 것일까?

누구의
권리인가?

아이들이 가게에 출입하지 못하게 막는 조치들, 세월호 유가족들을 조롱하는 일베의 '폭식 투쟁', 퀴어문화축제를 에이즈 축제나 죄악으로 간주하는 반대 집회가 하나의 불가침한 '권리'라고 보기는 힘들다. 혐오할 자유를 개인의 '권리'로 인정하고 법과 경찰이 혐오표현을 보호해 준다면, 그런 표현이 행하는 차별을 옹호하며 불평등을 촉진하는 것이기 때문이다.

드워킨의 권리 논증이 갖고 있는 문제점은 화자의 권리에 특권을 부여한다는 것이다. 모욕적이고 상처를 주며 해악을 야기하는 표현이 표현되도록 허용하는 권리 논증에 대한 강조는, 그런 표현으로 인해 상처받거나 피해를 입은 청자보다 화자에게 특권을 주는 것과 같다. 드워킨의 권리 논증은 본질적으로 의무론적이기 때문에, 표현의 결과를 고려하지 않는다. 개별 청자 혹은 그 표현의 수신자에게 표현이 끼칠 영향은 헤아리지 않는 것이다.[23]

혐오표현이 문제적이라고 여기는 소수 인종 이론가들과 페미니스트들은 표현의 자유 권리에 대한 무한한 보호는 여성, 동성애자, 장애인 등 혐오표현의 주된 피해자들의 '권리'를 보호해 주지 않겠다는 선언과 마찬가지이며, 따라서 자유라는 명분하에 불평등과 차별을 촉진한다고 주장한다. 예컨대 표현의 자유 규제옹호론자인 앤서니 코르테스Anthony Cortese는 저서《혐오표현에

반대하며》에서 "표현의 자유로 위장한 혐오표현은 사회적 불평
등을 만들어 내고, 유지시키며, 정당화한다"[24]라고 이야기한다.

　　랭턴은 드워킨과 같이 '권리'에 대한 동등한 관심사와 존
중에서 출발하지만, 재미있게도 표현의 자유를 제약해야 한다
는 정반대의 결론에 이른다. 그는 〈누구의 권리인가?: 로널드 드
워킨, 여성, 포르노제작자들〉이라는 상당히 역설적인 제목의 글
에서, 시민 개개인은 모두 동등하게 '평등한 배려와 존중'을 받아
야 할 '권리'가 있음을 전제한다. 또한 이런 개인들의 권리가 다
른 가치들을 능가하는 으뜸패라는 드워킨식 권리 논증의 전제에
도 동의한다. 그런데 그렇기 때문에 혐오표현을 규제해야 한다
고 이야기한다! 포르노그래피를 제작할 권리가 있다면, 여성들
에게는 포르노그래피에 반대할 권리가 있다는 것이다.

　　포르노그래피가 도덕적으로 의심스러운 것이기 때문에 관심
　　을 가져야 하는 것이 아니라, 우리가 여성의 평등과 권리를 중
　　요하게 생각하기 때문에 포르노그래피에 관심을 가져야 할 이
　　유가 있다. 여성들은 포르노그래피의 생산자와 소비자에 반대
　　할 수 있는 권리를 가지며, [여성들이 평등한 대우를 받을 권리
　　는] 포르노그래피를 허용하는 정책에 비해 우선적인 권리다 …

[포르노그래피를] 허용하는 정책은 평등한 배려와 존중의 원칙에 위배되며, 따라서 여성들은 반대할 수 있는 권리가 있다.[25]

권리 논증은 소수자들에게도 유용한 논증이 될 수 있다. 혐오표현은 차별 행위이며, 사회적 약자들의 권리를 침해한다는 식으로 사용할 수 있는 것이다.

2016년 제주시에 있는 음식점을 방문했다가 자녀들의 나이가 13세 이하라는 이유로 문전박대 당한 가족들은 이 문제를 국가인권위원회에 진정했다. 인권위는 '노 키즈 존' 식당 사업주의 행위가 "나이를 이유로 한 합리적인 이유가 없는 차별 행위"라고 판단하고, 아동의 출입을 배제하지 말라고 권고했다. 결정문에서 인권위는 "상업 시설의 운영자들은 최대한의 이익 창출을 목적으로 하고, 이들에게는 헌법 제15조에 따라 영업의 자유가 보장된다"는 것을 인정하지만 "이 같은 자유는 무제한적으로 인정되는 것이 아니며, 문제가 된 음식점의 경우 이용자에게 시설 이용상 특별한 능력이나 주의가 요구되는 곳도 아니"[26]라면서, 아동이 차별받지 않을 권리가 사업주들이 누리는 영업의 자유보다 우선한다고 설명했다. 이러한 인권위의 차별시정조치는 2장에서 다루었던 일종의 '국가 중심 대항표현'이라 할 수 있다.

사업주가 자유롭게 영업할 권리가 아동이 차별받지 않을 권리를 누릴 수 있는 으뜸패로 기능할 수 없음을, 나아가 모든 시민들은 '평등한 배려와 존중'을 누릴 권리가 있음을 국가가 시민을 대신해서 목소리 내어 분명히 한 것이다.

그러나 문제는 혐오표현이 소수자들을 향해 가해진다는 데 있다. 표현의 자유를 '권리'로 보호하는 것은, 주변화되고 무력화되거나 억압된 소수자들이 그런 보호에서 파생된 짐을 떠맡게 된다는 것을 시사한다. 그런 부담은 당연히 불평등하다.

드워킨식 권리 논증은 개인의 권리가 국가의 이익이나 공공의 복리를 명분으로 마구잡이로 제지되어서는 안 된다는 것을 강조함으로써 자유 민주주의 정신의 정수를 잘 보여 준다. 개인의 권리를 으뜸패로 간주한다는 점에서 국가의 강제에 의해 개인이 억압당하는 지점을 비판한다는 장점도 있다. 하지만 이 논증은 혐오표현을 행하는 화자의 권리를 그런 표현들로 인해 고통을 받고 이를 감당해야 하는 청자의 권리에 비해 더 중시한다. 설사 표현의 권리에 대한 옹호를 인정한다 하더라도 어째서 청자의 권리에 비해 화자의 권리가 중요해지는지를 설명하지 못하며, 혐오표현이 소수자들에 대한 불평등을 조장하여 이들의 권리를 침해한다는 점을 고려하지 않는다.

민주주의 논증

공론장의 선결
조건

지금까지 살펴본 '진리 논증' 및 '권리 논증'과 다른 식으로 표현의 자유를 옹호하는 입장도 있다. 바로 민주주의와 표현의 자유가 밀접한 연관이 있다는 입장이다. 제대로 된 민주주의 사회는 정부를 비판할 수 있고 문제에 대한 숙의에 적극적으로 참여함으로써 자신들의 의사 결정 능력을 개발할 수 있는 시민들의 능력에 의존하고 있기 때문에, 표현의 자유는 무엇보다도 '민주주의'를 위해서 중요하다는 것이다. 이를 '민주주의 논증The argument from democracy'이라고 부른다.

민주주의를 근거로 표현의 자유를 옹호하는 논증에는 크게 2가지 유형이 있다. 어떤 사람들은 시민들이 결정을 내리기 위해선 많은 양의 정보들이 필요하기 때문에 표현의 자유가 중요하다고 주장한다. 한편 다른 사람들은 단지 시민의 공복公僕에 불과한 정부가 시민들을 검열해선 안 된다는 이유로 표현의 자유를 옹호한다.[27]

표현의 자유는 우리로 하여금 집단적인 자기 결정이라는

민주주의 본연의 목적에 기여할 수 있도록 공론장을 다수결주의적인 개입으로부터 보호하는 역할을 하며,[28] 열린 토론 과정을 통해 사회의 모든 구성원들이 의사 결정에 참여할 수 있도록 해 준다.[29] 우리 사회에서 많은 논란을 야기했던 사건들을 통해, 표현의 자유가 민주주의의 존립 문제와 떼려야 뗄 수 없이 밀접하다는 사실을 살펴보도록 하자.

'미네르바'라는 필명으로 알려졌던 박 모 씨는 2007년부터 2008년까지 인터넷 포털 사이트인 다음 아고라의 경제토론방에서 활동했던 인터넷 논객으로, 정부의 경제정책을 비판하는 내용을 올리거나 한국의 경제 상황들을 예측했다. 예측한 내용들 중 많은 것이 들어맞았기 때문에 미네르바는 '경제 대통령'이라고 불리며 인터넷에서 명성을 얻었다. 하지만 "정부, 달러 매수 금지 긴급 공문 발송"이라는 글을 올려 허위사실을 유포한 혐의를 받았고, 전기통신기본법에 따라 검찰에 구속 체포되었다.

시대는 바뀌었고 정권도 바뀌었지만 재미있게도 비슷한 양상이 반복되었다. 2009년부터 '드루킹'이라는 닉네임으로 활동하며 국내 정치와 국제 정치에 대한 글들을 블로그에 올리는 인터넷 논객이었던 김 모 씨는 징역 3년 6개월의 실형을 선고받았다. 2018년 경남도지사와 공모하여 네이버 등 포털 사이트에서 매크로를 사용하여 정부를 비방하는 내용의 댓글 여론을 형성한 혐의였다.

정부의 정책을 비판하거나 정치인을 비난하거나 이질적인 정치적 견해를 펼쳤다는 이유로 표현의 자유를 억압당한 사례는 많다. 예컨대 대통령을 "쥐박이"라고 지칭했던 현역 군인은 2011년 상관모욕죄로 기소되어 유죄 판결을 받았고, 이런 처벌의 근거였던 군형법 64조 2항에 대한 헌법소원이 있었으나 헌법재판소는 합헌 결정을 내렸다. 재판부는 "국군의 정치적 중립 의무를 강조하는 헌법 취지 등을 고려하면 군인 개인의 정치적 표현에는 제한이 따를 수밖에 없다"[30]라고 보았다. 한 시민은 대통령을 풍자하기 위해 "독재자의 딸"이라는 문구가 들어가 있는 포스터를 가게 유리창에 붙였다가 명예훼손죄로 경찰의 수사를 받기도 했다.[31]

한 정당의 국회의원은 "한반도에서 전쟁이 벌어지면 조직적으로 통신·유류·철도·가스 등 주요 국가기간시설을 파괴하는 행위와 선전전, 정보전 등을 벌이자" 등의 표현을 했다는 이유로 내란 음모와 내란 선동 혐의를 받고 징역 12년에 의원 자격정지 9년이라는 중형을 선고받았으며, 이 사건이 발단이 되어 해당 국회의원이 소속되어 있었던 정당은 헌법재판소에서 위헌정당해산 판결을 받고 해산되었다. 세월호 사건과 5·18 광주민주화 운동을 표현했던 작품은 대통령을 모욕했다는 이유로 고발을 당했고, 그 작품의 작가는 청와대 수석비서관회의에서 거론될 만큼 정권의 감시를 받았다.[32]

그런데 정부를 비판하거나 여론을 선동했다는 이유로 누군가를 처벌할 수 있을까? 그런 사회가 민주주의적인 사회라고 할 수 있을까? 그들을 이상한 사람 취급하며 처벌하기보다는, 시민으로서 정치적인 의사 표현을 했을 뿐이라고 받아들여야 하지 않을까? 존 스튜어트 밀의 논증들에서 살펴보았듯이, 다수는 소수의 표현이 다소 특이하다 하더라도 억압해서는 안 된다. 그런 억압은 '다수결주의의 횡포'가 될 뿐이다.

정치적 문제에 대한 표현의 자유를 보장하는 것은 효과적인 대의제 민주주의의 작동과 실천에 있어서 필수적이다. 시민들이 정부를 비판할 수 있고 의사를 결정할 수 있으며 정보를 교환할 수 있도록 표현의 자유를 보장하는 것은 민주주의 사회의 선결 조건과도 같다. 표현의 자유는 무엇보다도 민주주의라는 가치의 중요한 전제가 되는 것이다. 그래서 법철학자이자 정치철학자인 한스 켈젠Hans Kelsen는 "여론Public Opinion이 없는 민주주의란 용어상 모순"이라고 말한다. 민주주의를 가능하게

하는 토론은 의회에서뿐 아니라, 정치적인 모임, 신문, 책, 기타 여론의 수단에서 발생한다.[33]

전쟁터는 수호하지
않는다

다만 '민주주의의 존립을 위해 표현을 보호해야 한다'는 논증은, '어떤 표현들은 민주주의의 수호를 위해 보호해선 안 된다'는 주장의 근거로 쓰일 수 있다. 제대로 기능할 수 있는 민주주의를 위해 표현의 자유가 필수적이라면, 민주주의와 무관하거나 민주주의를 약화시킬 수 있는 표현은 보호할 필요가 없다는 논리가 도출되는 것이다. 어떤 표현이 민주주의와 무관하거나 민주주의를 약화시키는 것일까? 당연히 '혐오표현'이 그렇다. 혐오표현은 '공론장'과 '사상의 시장'을 파괴하기 때문이다.

혐오표현은 공론장에서 소수자를 침묵시키거나 그들의 표현을 무가치한 것으로 묵살하는 기제를 가지고 있다. 예컨대 선동형 혐오표현은 증오를 촉진하여 표적 집단을 사회 공동체에서 배제하며, 결과적으로 불평등과 차별을 증폭시키는 역할을 함으로써 민주주의를 약화시킨다. 혐오표현은 소수자들이 가지고 있는 사회정의와 존엄성에 대한 확신을 부수고 그들의 삶을 위협하기 때문에 민주주의적인 가치들과 충돌할 수밖에 없다.

　법학자 케네스 라슨Kenneth Lasson에 따르면, 표현의 자유는 사상의 시장을 보호하지, 전쟁터를 보호하는 것이 아니다. 혐오표현은 합리적인 숙의 민주주의의 핵심인 '존중'과 '비강제'라는 두 가지 조건과 충돌하기 때문에 금지되어야 한다.[34] 찰스 로런스 역시 혐오표현은 "사상의 시장을 감염시키고 왜곡하거나 무력화시키는 질병"[35]이기 때문에 "흑인과 기타 비백인들의 표현을 소거하거나 폄하함으로써 사상의 시장을 왜곡"[36]하고, 소수자들을 침묵시킬 뿐이라고 주장한다. 혐오표현은 공정한 의견 교환이 가능한 공론장을 손상시키고, 비합리적이고 무의식적인 편견에 기반하여 소수 의견들을 묵살함으로써 민주주의 자체를 파괴한다는 것이다.

　한 대선 후보 정치인은 유세 현장에서 "동성애를 합법화하면 안 된다. 에이즈가 창궐한다"라고 주장했다. 더 나아가 "동성애는 하늘의 뜻에 반하기 때문에 법적으로 금지가 아니고 엄벌에 처해야 한다"라고까지 말했다. 같은 정당의 대표 역시 "개인적으로 동성애에 반대한다 … 동성애는 우리가 받아들여서는 안 된다" "우리 가족의 아름다운 가치를 지켜야 한다"라고 발언했다.[37] 한 국가의 대통령 후보나 정당의 대표가 전체 국민의 5%를 차지하고 있는 집단을 가리켜 반대나 엄벌을 거론한다면, 이 집단의 구성원들은 자신이 동일한 민주주의 공동체의 시민으로서의 지위를 누리고 있다고 생각할 수 있을까?

"생물학적, 과학적으로 얘기한다면 잡종 강세라는 말도 있지 않느냐. 똑똑하고 예쁜 애들(다문화가정에서 태어난 자녀)을 사회에서 잘못 지도하면 프랑스 파리 폭동처럼 문제가 될 수 있다"라고 말했다가 논란이 되자, "'튀기'들이 얼굴도 예쁘고 똑똑하지만 튀기라는 말을 쓸 수 없어 한 말이다. 다문화가족을 띄워 주기 위해 한 말"이라고 해명해서 더 큰 논란을 불러일으킨 지방자치단체장의 발언은 어떤가?[38] 관할 지역의 다문화가족에 대한 정책을 담당하는 지역단체의 장이 '잡종'이나 '튀기' 운운한다면, 다문화가족은 자신들이 같은 국민으로 대우받고 있다고 느낄 수 있을까?

이런 혐오표현들은 공론장을 왜곡하여 다문화가정이나 성소수자들의 소수 견해를 소거하는 데 복무하며, 모든 국민들의 법 앞의 평등을 선언하고 차별 금지를 천명하는 민주주의 국가의 기본 원리에 정면으로 위배되는 표현이 아닐까? 비록 형식적일지언정, 민주주의 사회에서 모든 시민은 평등하다고 간주된다. 그러나 혐오표현은 표적 집단의 권리와 평등을 위협하고 그들이 2등 시민임을 선언함으로써 일종의 신분제적인 귀족정을 옹호한다. 인종, 종교, 성별, 성적 지향 등을 이유로 일부 시민들에게 열등한 낙인을 찍는다는 점에서, 혐오표현은 시민들에 대한 평등한 배려와 존중이라는 자유 민주주의의 핵심 가치들을 침식시키는 행위다. 표적 집단에 대한 혐오를 선동하거나 그들을 차별하도록 청자를 고무시키는 경우에는 민주주의의 근본 가치는 물론 정치적 정당성 그 자체와도 배치될 수 있다. 그런 점에서 혐오표현은 민주주의에 위협적이다. 랭턴은 이런 맥락에서 포르노그래피도 금지되어야 한다고 주장한다. 포르노그래피는 여성들이 폭력적으로 학대받는 것을 즐긴다는 식으로 동료 시민들을 성적으로 대상화하므로 민주주의적인 시민권과 양립할 수 없고, 금지되어야 한다는 것이다.

민주주의 논증은 앞의 다른 논증들과 마찬가지로 표현의 자유를 옹호하기 위해 사용될 수도 있지만, 역으로 민주주의를 파괴하는 혐오표현과 같은 일부 표현은 규제해야 한다는 주장의 근거로도 사용될 수 있는 양가성을 가지고 있다. 특히 '다수결주의 민주주의 논증', 즉 자유 민주주의 질서의 수호를 위해 다수는 소수의 반대 의견이나 견해를 억누를 수 있다는 논증으로 변질될 수 있다. 그런 경우에는 혐오표현뿐만 아니라 정권에 비판적인

정치적 표현마저도 규제할 수 있다는 논리로 쓰일 수 있다는 점
에서 정부의 검열과 전체주의를 야기할 수 있는 위험 요소가 있
다. 다음으로 소개할 입장은 이러한 위험을 경고하는 입장이다.

미끄러운 경사면 논증

금지하는 것은 설득하는 것이 아니다

표현의 자유를 옹호하는 여러 논증은 각각 약점이 있기는
하지만, 저마다 표현의 자유가 갖는 중요성들을 나름대로의 근
거를 제시해 옹호한다는 점에서 의의가 있다. 그런데 지금부터
설명할 논증은 표현의 자유 그 자체가 갖는 강점보다는, 그것을
제한했을 때의 부작용을 극대화시키는 방식으로 표현의 자유
를 옹호한다는 특징을 갖는다. 즉, 표현의 자유를 포지티브posi-
tive하게 옹호하는 방식은 '진리 논증'이나 '권리 논증' '민주주의
논증'처럼 표현의 자유가 지향하는 상위의 가치들을 통해 직접
적으로 표현의 자유를 옹호하는 반면, 표현의 자유를 네거티브
negative하게 옹호하는 방식은 표현의 자유가 침해당하거나 억

압당했을 때 문제가 발생하기 때문에 규제해서는 안 된다는 식으로 표현의 자유를 간접적으로 옹호한다. 표현 규제의 위험성을 최대한 부정적으로 부각함으로써 표현에 대한 규제를 반대하는 입장이라 할 수 있다.

현재 한국 사회 지형의 맥락에서 쉽게 들을 수 있는 이야기들이기도 한데, 예컨대 여성 혐오표현을 규제하자고 하면 당연히 남성 혐오표현(?)도 규제하자는 논의가 뒤따르곤 한다. "김치녀" 같은 여성 혐오표현을 처벌하려다가는 "한남충" 같은 표현도 규제될 수 있는 것이다. 한 정치인은 남성 혐오적인 성향의 사이트라고 알려진 '워마드WOMAD'를 폐쇄해야 한다는 취지로 '워마드 폐쇄법'을 발의하려고 했다. 그는 워마드를 "성차별주의라는 이념에 기반을 둔 범죄 집단"이라고 규정하고, "워마드라는 독버섯을 제거하지 않으면 가장 큰 암적 요소가 될 것"[39]이라며 사이트 폐쇄 법안의 취지를 설명했다. 한 작가는 "급진 페미니스트들의 혐오는 사회를 분열과 남녀분리주의로 나아가게 한다" "페미니스트들의 파시즘적 행태는 여성과 여성의 단절로 이어진다"[40]라고 주장하기도 했다.

이런 이야기에서 볼 수 있듯이, 혐오표현 규제를 둘러싼 논의는 혐오표현을 규제하고자 했던 애초의 의도와 달리 소수자에게 부메랑이 되어 돌아오기도 한다. 소수자들이 스스로 재갈을 물게 되는 것이다. 이런 이유로 표현의 자유에 대한 규제를 반대하는 입장이 '미끄러운 경사면 논증The argument from slippery slope'이다.

미끄러운 경사면 논증을 지지하는 사람들은 표현을 제한하거나 금지할 경우, 불가피하게 검열과 독재라는 결론으로 미끄러지게 될 것이라고 주장한다. '나쁜 표현'의 위험성을 막기 위해 취한 현재의 금지 조치는 그 자체로는 바람직할 수 있지만, 이것이 다른 유용한 '좋은 표현'에 대한 제약이라는 바람직하지 않은 미래로 이어질 것이 자명하기 때문에, 표현의 자유에 대한 그어떤 제약도 하지 말아야 한다는 것이다. 혐오표현이나 역사를 부정하는 표현, 가짜 뉴스에 대한 규제는 그 목적만 봐서는 나쁘지 않을 수 있다. 문제는 이런 규제가 단순히 '나쁜 표현'에 대한 규제만으로 순조롭게 이어지지 않는다는 것이다. 때로는 '좋은 표현' 역시 같이 규제를 당하게 된다. '나쁜 표현'이라는 산토끼를 잡으려다가 '좋은 표현'이라는 집토끼를 놓치는 우를 범할 수 있는 것이다.

이는 해외 사례에서도 드러난다. 이를테면 미국의 미시간대학교는 소수자 혐오표현을 금지하는 학내 표현 규정을 마련했다. 그러나 이 법안은 예상치 못한 차별적 결과를 가져왔다. 아프리카계 미국인 역사학자인 헨리 루이스 게이츠 주니어에 따르면, 미시간대학의 표현 규정이 집행된 동안 무려 20명이 넘는 흑인 학생들이 인종 혐오표현을 했다는 이유로 고발당했다고 한다. 백인에 의한 인종 혐오표현은 단 1건도 처벌받지 않았다.[41] 흑인들을 보호하기 위해서 마련되었던 법안이 애초의 취지와 달리 흑인들에게 칼날을 겨누게 된 것이다.

또한 명예훼손죄나 군형법의 상관모욕죄 등 앞의 여러 사례에서 보았듯이, 특정 표현을 규제하거나 검열할 수 있는 권력을 정부가 가지게 되면 소수자들이 정치적 견해를 표현할 자유가 위축될 위험이 존재한다. 표현의 자유 옹호론자인 미국시민자유연맹(ACLU)의 전무이사 아이라 글래서Ira Glassor는 표현의 자유에 대한 규제가 대부분 정치적 반대파들을 억압하기 위한 목적으로 사용되었다고 주장한다.

만일 캠퍼스 경찰이나 정부가 '평화의 직접적인 파괴를 주장하는 경향이 있는' 말을 했다는 이유로 사람들을 체포할 수 있는 권력을 갖게 된다면 어떻게 되겠는가? 우리는 추정할 필요도 없다. 과거에 이미 그런 법이 있었다. 시민권 집회 참가자들은 종종 체포되었고, 흑인과 백인이 손을 잡고 평화롭게 행진하는 것은 백인 남부 분리주의자들이 즉각적인 폭력을 휘두르게 하기 쉽다는 이유로 금지되었다.[42]

혐오표현 법안이 편파적으로 사용된 경우는 민주주의가 발전되어 있고 인권이 잘 보장되어 있는 국가에서도 많이 일어난다. 페미니스트와 레즈비언 들의 정치적 표현을 담은 문헌이 캐나다와 영국에서 '혐오 문헌'으로 검열당한 사례 등이 그것이다. 실정법을 통해 혐오표현을 처벌할 수 있는 국가들에서조차, 혐오표현 규제가 실질적으로 소수자 집단을 검열하는 데 악용되었던 것이다.

당신이 혐오표현 이론가들에게서 들을 수 없는 것은 매키넌식 외설 금지법의 첫 번째 희생양이 토론토에 있는 게이와 레즈비언 서점이었다는 것이다. 이 서점은 그들이 구비했던 레즈비언 잡지 때문에 경찰의 급습을 당했다. (동성애 문헌들은 캐나다에서 표현의 자유에 관한 규제의 타깃이 된다.) 그들은 ⋯ 여성학 과정 교과서로 알려져 있는 흑인 페미니즘 학자 벨 훅스의《흑인의 얼굴: 인종과 재현》이 "혐오 문헌"의 가능성이 있다며 캐나다 당국에 의해 압수당했다는 것을 언급할 것 같지 않다. 캐나다의 체제가 정말로 희망의 등불일까?

… 캐나다의 경우와 마찬가지로 동성애 출판물을 처벌하는 것을 선호하는 영국 또한 주목을 피할 순 없다. 표지의 레즈비언 이미지가 처벌 가능한 모욕을 표현했다는 것을 알게 된 〈오즈 Oz〉의 편집자들에게 물어보라. 예수에 대한 동성애적 판타지를 포함하고 있는 시를 출판했을 때 기소되어 징역형을 선고받은 〈게이 뉴스〉 매거진 편집자들에게 물어보라. '외설물과 음란물을 수입하려는 음모를 꾸몄다'는 혐의로 1984년 유죄 선고를 받았던, 런던에 있는 동성애자들을 위한 서점의 사장에게 물어보라. 1991년 레즈비언 비디오를 미국에서 사적으로 수입했다는 이유로 기소되었던 제니 화이트에게 물어보라.[43]

2장에서 살펴보았듯이, 일부 대항표현들은 기존의 혐오표현을 모방하거나 이를 패러디하고 전복시켜 재의미부여하는 방식을 취하는 경우가 있기 때문에, 원래의 혐오표현과 다른 의미와 기능을 가질 수 있음에도 종종 기존 혐오표현과 동일한 것이라는 오해를 받는다. 만일 혐오표현을 규제하게 된다면 이러한 성격의 대항표현 역시 같이 규제될 공산이 크다. 또한 지배적인 규범들이 이미 소수자들에게 불리하게 짜인 경우, 그들의 대항 표현을 혐오표현으로 오독하여 규제할 가능성도 당연히 높다.

따라서 소수자들이 혐오표현 규제를 찬성하는 것은 오히려 자신들을 향해 되돌아올 부메랑을 던지게 되는 우를 범하는 것일지도 모른다. 따라서 글래서는 다음과 같이 주장한다. "모욕적인 발언의 금지를 허용하는 규칙을 설립하는 것은 독가스를 사용하는 것과 같다. 당신이 당신의 적들을 향해 독가스를 사용한다면, 당신 자신에게 역류하지 않게끔 사용할 수 없다. 그리고 대부분의 맥락에서, 인종 혐오의 구조와 믿음들을 유지하거나 용인하는 자들은 좀 더 강력한 무기를 갖고 있다. 그들은 독가스를 붙잡아서 소수자 집단에 되돌려 보낼 것이다. 그들은 항상 그렇다. 소수자들이 표현에 대한 법적 규제를 지지하는 것이 정치적으로 나이브하며 전략적으로 어리석은 이유다."[44]

혐오표현을 금지하는 법은 인종적, 정치적으로 소수인 집단의 구성원들에게 훨씬 빈번하게 적용될 수 있다. 무엇보다도 규제 기준과 적용이 자의적이거나 편파적일 수 있다. 게이츠는 "당신은 선생님이 당신 편이라는 것을 알지 못하는 한, 선생님에게 가서 학교 왕따에 대해 불평하지 못한다"[45]라고 말한다. 국가가 소수자의 편이 아닐 가능성이 높으며, 편향되어 있을 경우 혐오표현 규제의 의지처가 되기 어렵다. 따라서 혐오표현 규제가 불평등을 완화하고 평등을 촉진한다는 가정하에 표현의 자유를 제약하고자 하는 것은, 역설적으로 제 발등을 찍는 일이 될 수 있다. 소수자를 위해서 입안된 규제는 소수자 운동에 득이 되기는 커녕 해가 된다는 것이다.

국가는 무엇이 혐오표현에 해당하며 무엇이 표현의 자유인지 해석할 능력이 부족하다. 이런 결정은 당대의 사회·문화적 분위기에 따라 일관성 없이 지극히 자의적으로 내려지기 쉽다. 박근혜 전 대통령이 박정희를 출산하는 모습을 그림으로 표현했다가 대통령을 모욕하고 성적으로 비하했다는 논란을 불러일으킨 홍성담 화백의 그림은 여성 혐오표현인가, 아니면 정치권력을 풍자하고 비판하는 예술표현인가? 또한 무엇이 혐오표현인지를 어째서 국가가 해석해야 하는가? 이런 우려는 단순한 기우가 아니다. 2018년에 발의된 '혐오표현규제법안'이나 '혐오표현 모니터링 의무화 법안'은 혐오표현에 대한 정의와 기준이 모호했기 때문에 소수자에게 불리한 위험 요소를 안고 있었다.

혐오표현을 한 자를 징역 또는 벌금으로 처벌하고, 국가인권위원회의 혐오표현 시정명령을 이행하지 않으면 이행강제금을 부과하는 조항을 담은 '혐오표현규제법안'과 '국가인권위원회법 일부개정법률안'[46]에는 기독교 혐오표현이야말로 가장 문제라고 항변할 수 있는 여지가 있다. 동성애 혐오표현을 처벌하자고 하면 "기독교 혐오는 왜 다루지 않나요? '개독'도 혐오표현이잖아요?"라는 식으로 "개독교"로 대변되는 보수 기독교에 대한 혐오표현(?)도 똑같이 처벌해야 한다는 주장으로 이어질 수 있는 것이다.[47] 미끄러운 경사면 논증이 맞다면, 이런 법안들은 설사 통과된다 하더라도 보수 기독교계의 반발과 압력으로 인해 동성애 혐오표현이 아닌, 소위 기독교 혐오표현을 더 많이 규제할지도 모른다.

일명 '혐오표현 모니터링 의무화 법안' '혐오표현 삭제 법안'으로 알려진 전기통신사업법 일부개정법률안은 네이버나 구글, 페이스북, 텀블러 같은 포털사업자나 부가통신사업자에게 자신들의 플랫폼을 통해 유통되는 혐오표현을 모니터링해서 삭제할 의무를 부과하는 법안이었다. 혐오표현을 발견하는 즉시 삭제할 것을 요청하며, 혐오표현을 담은 게시물, 영상 등을 방치하지 않도록 규제하는 것이 골자였다.[48] 그러나 시민단체 '오픈넷Open Net'이 이런 정부와 국회의 움직임을 강하게 비판했다. 인터넷을 자유, 개방, 공유의 장소로 만들기 위해 활동하는 오픈넷은 소위 '혐오표현 삭제 법안'에 대한 반대 의견서에서 "혐오표현 규제를 위해서는 최소한 표적 집단의 설정부터 국가의 개입이 정당화될 만한 내용상 폭력성, 선동성의 정도 등이 규정되어 있어야 한다. 그러나 개정안은 규제 대상 표현을 '혐오·차별·비하 표현'이라는 추상적인 개념으로 정의하고 전혀 구체화를 하지 않은 채 규제 대상의 설정을 대통령령에 포괄적으로 위임하고 있다"[49]라고 지적했다. 쉽게 말해 무엇이 혐오표현인지 정의하기 힘듦에도 무턱대고 규제하려고 한다는 것이다.

미끄러운 경사면 논증이 주장하듯이 표현의 자유를 규제하는 법안들이 사실상 모호하거나 실효성이 전혀 없을 뿐 아니라 소수자에게 불리하게 작용하여 역효과를 낸다면, 그런 규제들의 도입을 반대해야 할 상당히 강력한 이유가 있게 된다. 이미 사실적시 명예훼손죄, 모욕죄 등 정권에 반대하는 의견을 억누르거나 고소·고발을 남용하여 재갈을 물리는 식으로 표현의 자유를 저해하는 법안들을 둘러싸고 논쟁을 거듭해 온 한국 사회에서는 혐오표현 삭제 법안들을 추가하는 것이 아무래도 우려스러울 수밖에 없다. 혐오표현 삭제 법안에서 규제하려는 혐오표현의 기준이 모호하고 그 적용이 자의적일 수밖에 없다면, 이중 잣대를 가지고 소수자에게 불리하게 적용하지 않는다는 보장이 없다. "김치녀"는 내버려 두고 "한남충"만을 혐오표현으로 간주하여 삭제한다든지, "똥꼬충"은 그대로 두고 "개독교"만을 혐오표현으로 규제할 수 있는 것이다.

일베의 폭식투쟁을 경찰이
보호할 때

그런데 미끄러운 경사면 논증에도 약점은 존재한다. 우선 이 논증은 그닥 설득적이지 않다. 법학자 프레더릭 샤우어Frederick Schauer에 따르면, 현 상태에서 약간 움직이는 것이 위험한 파국적 사태로 이어질 것이라는 미끄러운 경사면 논증의 주장은 단지 선언하기만 해서 될 문제가 아니라, 정말로 그런지 입증되어야 할 문제다. 표현의 자유에 대한 개입이나 혐오표현 규제가 필연적으로 전체주의나 검열로 귀결된다는 법은 없기 때문이다. 즉, 그런 주장을 하는 사람들은 있을 법하지 않은 사건이 어떻게 발생하는가를 입증해야 한다. 표현에 대한 제한이 시간이 흘러 추가적인 규제로 이어질 수도 있겠지만, 그렇지 않을 수도 있다.

미끄러운 경사면 논증의 또 다른 문제점은 원하든 원치 않든 우리가 필연적으로 미끄러운 경사면 위에 있다고 주장함으로써, 제3의 선택지를 주지 않는다는 데 있다. 단순히 위험한 사태로 이어질 수도 있다는 개연성을 경고하는 수준을 넘어서서, 미끄러운 경사면 위에 있거나 없거나 둘 중 하나이지 다른 선택지가 없다고 주장한다는 것이다.

그리고 이 논증 역시 표현의 자유를 옹호하는 주장뿐 아니라 표현의 자유에 대한 제재와 개입을 옹호하는 주장에 사용될 수 있다. 이를테면 정부가 표현의 자유에 개입하는 것을 중단해서는 안 된다고 생각하는 사람들은 정부의 방관이 우리로 하여금 무정부 상태anarchy, 즉 자연 상태state of nature로 미끄러지는 경사면 위에 서게 할 것이라고 주장할 수 있다. 똑같은 논증이 '표현의 자유에 대한 과도한 규제는 독재와 검열로 미끄러진다'는 주장에 이용될 수도 있고, '표현의 자유에 대한 수수방관은 무정부 상태를 초래한다'는 주장에 이용될 수도 있는 것이다.

혐오표현 규제옹호론자인 법학자 월드론은 혐오표현을 공표하는 것을 허용하는 끔찍한 사회의 모습look을 다음과 같이 묘사한다. "광고 게시판과 가로등 기둥은 인종적 소수자 집단 구성원들을 짐승이나 인간 이하로 그리고 있는 묘사들로 장식될 수 있다. 과거의 인종 학살 군사 작전을 축하하거나 변명하는 현수막과 나치 십자가가 있을 수 있다".[50] 월드론은 "이것이 사회가 집단적 명예훼손을 용인할 때의 모습"[51]이라고 하면서, 과연 이런 사회를 질서 정연한 사회라고 부를 수 있느냐고 반문한다.

혐오표현을 허용하는 무질서한 사회에서는, 표현의 자유 옹호론자들이 상상하는 것같이 공론장에서 공적 이성을 통해 서로의 의견을 자유롭게 교환하는 아름다운 소리만 들리지는 않으리라는 것이다. 아마도 그런 사회에서는 "너는 바퀴벌레야! 우리는 너를 죽일 거다!"라는 이주 노동자 혐오표현이 라디오방송에 나오고, 그들을 범죄자나 테러리스트로 묘사하는 광고 게시판이 도처에 있으며, "무슬림과 9 · 11! 그들을 섬기지 말고 그들에게 말하지 말고 그들을 들이지 말라"라는 혐오표현에 맞닥뜨린 딸아이가 무슬림 아버지에게 "아빠, 이게 무슨 의미예요?"라고 질문해도 답변을 해 줄 수 없는 사회일 것이다.[52]

법학자 마리 마츠다Mari J. Matsuda 또한 혐오표현을 규제하지 않았을 때 소수자들이 짊어져야 하는 부담과 해악을 이야기한다. 그는 저서《상처를 주는 말》에서 "KKK단과 네오나치 같은 혐오 집단의 위협은 그들의 반복적인 불법 폭력행위로 인해 이미 도를 넘어섰다. 그들의 현존과 인종 혐오적 선동의 적극적인 전파는 시민들의 개인적 안전과 자유가 부정된다는 것을 의미한다. 해악을 시정할 수 있는 법이 적용되지 않는 장소는 여성, 아이들, 유색인종, 가난한 사람들이 살아가고 있는 장소"[53]라고 이야기한다.

혐오표현을 규제하지 않은 채 방치해 두는 것은 그 혐오표현을 지지하는 것과 다를 바가 없다. "폭력, 학대, 인종 혐오, 인종주의적인 우월성을 드러내는 데 전념하는 것으로 알려진 단체가 공개적으로 존재하도록 허용하는 것, 그리고 그런 단체가 경찰보호, 공적 시설, 거리, 대학 캠퍼스에 접근할 수 있도록 허용하는 것은, 국가가 인종 혐오표현을 옹호하고 있음을 의미한다. … 인종 혐오주의자들이 경찰의 완벽한 보호를 받으며 위협적인 휘장을 두르고 우리 사이를 공공연히 행진하는 오싹한 풍경"[54]은 국가가 소수자를 억압할 권리를 승인해 주는 것과 같다.

혐오표현에 대한 관용은 대체로 공동체가 관용할 만한 것이 아니다. 오히려 그것은 지불할 수 있는 것이 거의 없는 자들에게 부과되는 정신적인 세금이다.[55]

국내에서 혐오표현 규제 법안을 발의했던 사람들 또한 "혐오표현이 장기간 이어질 경우 특정한 특성에 대한 편견을 야기함으로써 장기적으로 사회자본의 형성을 저해하고 우리 사회를 분열시켜 불필요한 비용을 증대시킬 가능성이 크므로 이를 조기에 방지할 필요가 있으나, 현재 혐오표현을 규제하기 위한 법적

근거가 없으므로 법률의 제정이 시급한 상황"[56]이라고 진단한
다. 혐오표현 모니터링 의무화 법안을 추진했던 의원은 "사회적
약자와 인간 존엄성을 위협하는 행위에 대한 법률 규제를 강화
할 필요"[57]가 있다고 주장하기도 했다.

　　혐오표현을 그대로 두는 것은 어쩌면 그런 표현들을 방치
하는 건 차치하고, 지지하는 것과 마찬가지일는지도 모른다. 혐
오표현의 피해자들을 무국적자로 내버려 두고, 혐오표현들이 반
영구적이고 가시적인 문화적 환경의 일부가 되도록 공모하는 것
과 다를 게 없다.

　　과연 우리는 어디로 미끄러지게 되는 것일까? 정치적 소
수의견이나 정부를 비판하는 반대파의 표현을 국가가 통제하
는 검열 사회일까, 아니면 월드론이 상상하듯 혐오표현이 도처
에서 출몰하여 소수자들의 존엄성과 안전을 위협하는 무질서한
사회일까? 다른 근거를 들어서 표현의 자유를 옹호하는 마지막
입장을 살펴보도록 하자. 이 논증은 자유주의적인 표현의 자유
옹호론들에 비해 혐오표현의 문제를 해결하는 데 더 효과적이
며, 규제 지향적이거나 처벌 지향적이지 않다는 점에서 혁신적
이다.

역량 논증

사람다운 삶을 위한
무기

모 검사는 검찰 내부 통신망에 "나는 소망합니다"라는 제목의 글을 올려 검찰 간부가 저질렀던 성추행을 폭로하고, 검사 생활 동안 남성 검사들에게 당한 성폭력 경험들과 더불어 검찰 조직이 이 사건을 어떻게 은폐하려 했었는지를 세상에 알렸다.[58] 한 시인 역시 〈괴물〉이라는 제목의 시를 통해 문단 내 성추행과 성폭력 사건들을 고발했다.[59] 이후 수많은 여성들은 미투 운동에 참여해 한국 사회의 뿌리 깊은 성차별을 들춰내고, 자신이 경험했던 여성 혐오와 여성 억압, 성폭력을 다양한 매체에서 증언했다. 성차별적인 한국 사회에서 성폭력 경험을 이야기하기 두려워했던 여성들이 다른 여성들의 폭로와 증언을 듣고 용기를 얻어, 차별과 싸우고 혐오에 대응할 수 있는 역량을 갖게 된 것이다.

미투 운동에 함께했던 여성들에게 '언어'는 차별이나 억압과 싸울 수 있는 무기였다. "우리는 서로에게 용기다"라는 슬로건과 "혐오는 투쟁의 무기가 될 수 없다. 가장 강력한 무기는 연대에서 온다"[60]는 성폭력피해자 연대 단체 대표의 발언은 여성 혐오에 맞서는 이들이 표현에 직접 참여함으로써 역량을 강화했음을 보여 준다. 캐서린 겔버Katharine Gelber는 바로 이런 점에서 표현이 인간적인 삶을 살아가는 데 핵심적이라고 주장한다.

> 표현은 … 훌륭한 인간적인 삶을 살아가는 데 다양한 방식으로 기여하거나 손상을 줄 수 있는 것으로 간주할 수 있는 듯하다. … 상상하고 사유할 수 있다는 것, '선개념conception of the good'을 형성하고 자신의 삶을 계획하는 데 '비판적으로 반성'하여 관여할 수 있다는 것, 따라서 다른 사람들과 더불어, 그리고 다른 사람들을 위해 살 수 있고 다른 사람들에게 관심을 갖는다는 것을 인정하고 보여 줄 수 있으며 사회적인 상호작용에 참여할 수 있다는 것. 표현은 분명 이 모든 역량들을 실현하는 데 중요한 요소다. 사상, 지식, 의견을 교환할 수 있는 수단인 표현에 참여하는 것은, 인간 발전에 핵심적인 활동이다.[61]

역량Capability이란, '사람들이 가치를 두는 것을 행할 수 있으며 원하는 것을 이룰 수 있는 실제 기회'를 뜻한다. 만일 누군가가 원하는 것을 행하거나 원하는 무언가로 존재하는 데 제약이 있다면, 이는 그의 역량이 보장받고 있지 못하다는 것을 의미한다. 철학자 마사 누스바움은 '삶' '육체적 건강' '육체적 통합성' '감성' '상상과 사고' '감정' '실천이성(어떻게 행위해야 하는가를 결정하는 이성의 사용. 무엇을 따라야 하는가를 결정하는 이성의 사용인 이론이성 또는 사변이성과 대조된다)' '친밀성' '다른 종들' '놀이' '환경을 둘러싼 통제' 등의 핵심 인간 역량들central human capabilities이 인간의 존엄한 삶을 위해 꼭 필요하다고 주장한다.[62]

이 핵심 역량들 중 어느 하나가 결핍된다면 인간은 인간답게 살 수 없게 되며, 표현은 이 중 실천이성과 친밀성이라는 역량에 필수적이다. 겔버는 원하는 것을 실제로 성취하거나 수행할 수 있는 이 '역량' 개념을 통해 표현의 자유 옹호론을 펼친다. 표현의 자유는 실천이성 및 관계의 기능에 핵심적이며, 상상하고, 사유하고, 반성하고, 계획하고, 다른 사람들과 관계를 맺는 데 필수적이라는 것이다.[63] "표현에 참여하는 것이 무수한 방식으로 인간 역량을 돕는다는 것에는 의심의 여지가 없다".[64] 그중 대항표현은 차별에 반대하고 평등을 옹호함으로써 혐오표현의 발화효과행위를 약화시키고, 혐오발화자의 타당성 주장을 논박하여 표적 집단들의 목소리를 되찾는 역할을 한다는 점에서 침묵당한 소수자들의 표현 역량을 끌어올리는 행위다. '역량 논증

'The argument from capability'은 대항표현의 목적 및 기능과 밀접하게 연관되어 있는 것이다.

예컨대 미투 운동이 한참이던 당시 한국여성단체연합은 "너희들의 시대는 끝났다" "우리는 너희들의 세계를 부술 것"[65]이라는 내용의 성명서를 발표하고, 미투 운동 이후 서로를 지지하고 응원하며 변화를 만들기 위해 "말하고 소리치고 바꾸자"라는 제목으로 '3.8 샤우팅'이라는 행사를 진행했다. 겔버의 역량 논증을 통해 본다면 이 일련의 운동들은 성차별에 저항하는 표현이자 사회적 약자들이 직접 표현에 참여함으로써 자신의 언어적 역량을 키우는 기회이며, 같이 모인 사람들의 연대와 지지와 응원을 확인하는 역량 강화의 자리, 즉 임파워링empowering의 자리라고 할 수 있다.

"너 하나 병신 만드는 건 일도 아니다"

혐오표현은 이런 개인의 표현 역량들을 방해한다. 또한 표적 집단을 침묵시키고 대응하지 못하게 함으로써 이들의 삶을 위태롭게 만든다. 인간의 표현 역량뿐 아니라 이와 관련된 다른 '핵심 인간 역량들'을 함께 손상시키는 것이다. 특히 권력을 가진 화자의 혐오표현들은 청자의 권리와 권력을 박탈하고 불평등과 차별을 강화한다.

예컨대 검찰 내 성폭력을 공론화했던 검사는 조직 내에서 조언을 구하기도 하고 법무부에 문제를 제기하기도 했지만, 돌아오는 반응은 "너 하나 병신 만드는 건 일도 아니다" "입 다물고 그냥 근무해라" "검사 생활 얼마나 더 하고 싶냐. 검사 생활 오래하고 싶으면 조용히 상사 평가나 잘 받아라"[66] 등의 위협이었다고 증언했다. 이런 표현들은 피해자들이 조직 속 권력관계에 순응하고 체념하게 만드는 데 복무하며, 증언하고 항의할 수 있는 역량을 좌절시키고 저해한다.

세월호 참사를 두고서 수년간 쏟아져 왔던 막말들도 마찬가지다. 참사 당시 한 정당의 사무총장은 세월호 사건을 "일종의 해상교통사고"[67]라고 표현했고, 어떤 목사는 "가난한 집 아이들이 수학여행을 경주 불국사로 가면 될 일이지, 왜 제주도로 배를 타고 가다 이런 사단이 빚어졌는지 모르겠다"[68]라며 폄하했다. 세월호 참사 5주기를 앞둔 시점에서는 "자식의 죽음에 대한 세간의 동병상련을 회 쳐 먹고, 찜 쪄 먹고, 그것도 모자라 뼈까지 발라 먹고 진짜 징하게 해쳐 먹는다"[69] "세월호 그만 좀 우려 먹으라 하세요. 죽은 애들이 불쌍하면 정말 이러면 안 되는 거죠.

이제 징글징글해요"[70]라는 말이 소셜 미디어에 게재되어 많은 이들에게 충격을 주었다. 이 모든 표현들은 세월호 유가족들에게 깊은 수치심과 무력감을 주고, 문제 제기와 비판과 폭로에 대한 의지를 꺾어 이들의 삶을 불안하고 위태롭게 했다.

이처럼 모든 표현이 인간의 역량을 강화하는 것은 아니다. 표현은 인간의 역량을 신장시키기도 하지만, 인간의 역량을 방해하기도 한다. 따라서 역량 논증은 표현의 자유 옹호론으로 쓰일 수 있는 동시에 혐오표현을 규제해야 한다는 주장에도 활용될 수 있다. 역량 논증을 통해 표현의 자유를 옹호하는 겔버 역시 이 점을 인지하고 있다.

> 만일 어떤 표현이 다른 사람들이 말하는 것을 저해하거나 막는다는 점에서 해악을 끼친다면, 어떤 표현은 내적 역량들뿐 아니라 외적 역량들의 개발, 유지, 행사에 역효과를 낳는 것으로 평가할 수 있다. 그리고 만일 어떤 표현이 개인의 역량의 개발, 유지, 행사에 역효과를 낳는다면, 이는 그런 역량들의 발달을 가능하게 하는 어떤 대응의 타당성을 제시할 수 있다.[71]

혐오표현과 같이 해로운 표현들은 사람들이 표현의 자유

를 행사하는 데 참여하는 것을 방해하고, 그들의 표현 역량을 약화시킴으로써 개인 역량들의 발달에 역효과를 낳는다. 역량 논증은 피해자들이 표현 활동에 참여하여 역량을 억제시키는 효과에 대응해야 한다고 주장하기 때문에, 이런 해로운 표현들 역시 어떤 방식으로든 규제해야 한다는 주장에도 논리적 타당성을 제공해 줄 수 있다.

표현의 자유를 옹호하는 여러 논증들, 즉 진리 논증, 권리 논증, 민주주의 논증, 미끄러운 경사면 논증, 역량 논증은 표현의 자유를 억제하고 규제하는 원리로도 사용될 수 있다. 표현의 자유 옹호론이 표현의 자유를 제한하는 원리로도 쓰일 수 있다는 것은, 혐오발화자들이 표현의 자유 옹호론을 통해서 "나는 혐오할 자유가 있다"고 주장하기란 쉽지 않다는 것을 드러낸다. 그 즉시 동일한 논증으로 반박 가능하기 때문이다.

각각의 논증들이 가지고 있는 양가성은 추상적인 철학적 원칙들로는 표현의 자유를 둘러싼 실제 세계의 문제들을 모두 설명하거나 판정할 수는 없음을 보여 준다. 표현의 자유는 결국 한 인간이 다른 인간과 관계를 맺는 사회에서 생겨나는 것이기 때문에, 그 표현이 자리매김하고 있는 맥락에서 중시되는 가치들에 의해 좌우될 수밖에 없다. 즉, 하나의 철학적 원칙이 표현의 자유나 혐오표현 문제를 전부 해결하는 절대적 진리가 될 수는 없다. 하지만 표현의 자유 옹호 논증들은 어째서 표현의 자유가 중요한지, 그리고 혐오표현은 어째서 문제인지 사유해 보는 계기를 제공해 준다는 점에서 표현과 관련된 문제에 대한 공동체의 결정에 도움을 줄 수 있을 것이다.

혐오표현에 문제 제기를 한다는 것은 표현의 배후에 있는 격정이나 감정을 고치려는 것도, 언어 뒤에 놓인 사상이나 의도를 통제하려 드는 것도 아니다. 혐오의 문제는 단순히 예민한 사람들의 감정이나 기분이 아니라 우리 사회의 사회정의와 관련되어 있다.

혐오표현은 공동체의 사회적 환경을 오염시키고, 거기에 살고 있는 많은 사람들의 삶을 훨씬 더 어렵게 만들며 다방면에 해악을 끼친다. 피해자의 사적 자유를 제한하고 청자들이 차별적인 메시지를 내면화하게 하여 사회적 분열을 일으키며, 소수자들을 재종속시키고 그들의 침묵을 강제한다. 일본 우익들의 혐한이나 반한 사례에서 볼 수 있듯이, 국가 간의 긴장과 적대를 고조시켜 평화와 공존을 위협하기도 한다. 말로 인한 상처는 단순히 막말로 인한 기분 나쁨의 문제가 아니다. 고개를 돌려서 회피하면 그만인 것도 아니다. 혐오표현은 오래도록 피해자들에게 깊은 상처와 모욕감을 남겨 인간으로서의 존엄, 사회정의와 안전에 대한 그들의 확신을 공격한다.

점증하고 있는 5·18 민주화운동 왜곡 발언, 세월호 유가족을 향한 막말, 예멘 난민 혐오, 직장 내 폭언, 성소수자 혐오, 여성 혐오표현들은 많은 동료 시민들이 우리 사회에서 모욕당하고 배제되고도 제대로 치유받거나 회복하지 못한 채 불안과 두려움 속에 살아가고 있음을 말해 준다. 공동체에 시민으로서 온전한 삶을 영위하지 못하는 이들이 있다는 것은, 심각한 차별의 현실에 처한 타자들이 존재함을 의미한다.

그러나 모욕적인 이름은 그런 호명에 반박하는 사회적인 존재를 출현시키기도 한다. 혐오표현에 대한 말대꾸는 모욕적인 호명 속에서도 투쟁이나 운동을 조직하고, 실제로 혐오가 사라진 사회를 만들어 나가는 대항주체가 탄생할 수 있는 여백이 있음을 보여 준다. 혐오는 피해자들의 행위능력agency을 완전히 파괴하지 못한다. 침묵 속에서도 말할 수 있음은 자명하며, 자신의 이름을 되찾고자 혐오에 맞서는 타자들의 투쟁은 부의 분배와 빈곤을 둘러싼 계급투쟁 못지않은 생존 투쟁이다.

대항표현과 역량 논증은 표현의 자유를 규제했을 경우 발생할 수 있는 부작용들을 최소화하면서도 혐오표현의 문제와 확산을 제지한다는 점에서, 표현의 자유를 약화시키는 것이 아니라 오히려 강화하고 혐오표현 · 표현의 자유 · 대항표현 사이의 긴장과 갈등을 화해시킨다. 이는 국가인권위원회의 '혐오표현 예방 · 대응 가이드라인 마련 실태조사' 연구에 참여하면서도 했던 생각이다. 단순히 혐오표현을 처벌하거나 규제하는 것을 넘어서서, 사회 구성원들이 모두 혐오표현의 해악을 인식하고 문제의 심각성과 대응의 필요성을 공유하는 의식적 변화를 바탕으로 가이드라인을 마련하는 방식이 법적인 규제에 비해 보다 근본적인 해법이다.

혐오표현이 출현해도 내버려 두는 사회는 물론 디스토피아적인 모습이겠지만, 혐오표현을 법으로 금지하여 강제로 틀어막는 사회는 그저 겉모습만 유토피아적인 사회일 것이다. 성차별주의, 인종 혐오, 성소수자 혐오 등 혐오표현을 야기한 사상이나 견해를 논박하거나 설득하여 침묵시키지 않고, 수면 아래로 잠복시키기 때문이다. 전자의 사회가 혐오가 창궐하는 사회라면, 후자의 사회는 혐오의 외양만 없앤 사회일 뿐 혐오의 실재는 은폐된 사회다. 따라서 혐오표현의 확산을 내버려 두는 사회도, 혐오표현의 공표를 처벌하는 사회도 아닌, 공교육이나 가이드라인 같은 대항표현을 통해 혐오표현의 실재를 제거해 나가는 사회, 혐오발화자들을 담론 공동체에서 낙인찍고 정화하기보다는 그들의 편견을 교육하고 민주주의적으로 설득해 나가는 사회가 필요하다. 그런 사회가 근본적으로 정의롭고 보다 유토피아적인 사회가 아닐까?

주

존엄한 삶에 대한 확신의 파괴 _혐오표현

1   Nockleby, John T et al., "Hate Speech." *Encyclopedia of the American Constitution*. Macmillan Reference USA, 2000, 1277.

2   EGIDI, Rosaria, Massimo DELL'UTRI, and Mario DE CARO. *Normatività, Fatti, Valori*. Quodlibet, 2003, 297.

3   마리 J. 마츠다Mari J. Matsuda에 따르면, 혐오표현이란 다음 3가지 규정 기준을 충족하는 발언이다. 1. 메시지가 열등성inferiority에 대한 것이다. 2. 메시지가 역사적으로 억압된 집단을 향한다. 3. 메시지가 박해적이고 증오로 가득 차 있으며 비하적이다.

    Matsuda, Mari J. "Public response to racist speech: Considering the victim's story." *Words That Wound*. Routledge, 2018, 17-51.

4   Nockleby, John T et al., "Hate Speech." *Encyclopedia of the American Constitution*. Macmillan Reference USA, 2000, 1277.

5   Brown, Alexander. "What is hate speech? Part 1: The myth of hate." *Law and Philosophy* 36.4 (2017).

6   Lepoutre, Maxime. "Hate speech in public discourse: A pessimistic defense of counterspeech." *Social Theory and Practice* 43.4 (2017): 3.

7   법학자이자 인권 연구자인 이준일은 "인종 혹은 종교적 소수자들을 겨냥한 KKK단의 십자가 불태우기, 여성을 위협하는 음란 전화, 동성애자의 행진을 향

해 외치는 욕설, 소외된 인종 혹은 이민자 집단을 향한 비난, 예배당 훼손, 다른 인종 간 커플interracial couple을 인종을 이유로 희롱하는 것 등"이 모두 혐오 표현의 사례라고 제시한다.

이준일, "혐오표현과 차별적 표현에 대한 규제의 필요성과 방식", 《고려법학》 72권, 고려대학교 법학연구원, 2014, 66쪽.

8 루트비히 비트겐슈타인(1889~1951)은 논리학, 수학철학, 심리철학, 언어철학을 주로 연구했던 오스트리아의 철학자다.

9 Wittgenstein, Ludwig. *Culture and Value*. University of Chicago Press, 1984, 50e.

전통적으로 철학자들은 언어를 세계에 대한 그림이나 이름으로 생각했다. '호랑이'라는 낱말은 실제 호랑이를 가리키는 '이름'이라는 것이다. 마찬가지로, '동성애자'라는 말은 동성애자를 지칭하는 이름이다.

청년기의 비트겐슈타인 또한 이런 관점을 가지고 있었다. 그는 언어란 일종의 현실에 대한 그림과 같다고 주장한다. 고양이가 매트리스 위에 있는 풍경을 그린 한 폭의 정물화가 현실에 대한 모상인 것처럼, 언어로 표현된 명제 역시 현실을 반영하고 보여 주는 그림이라는 것이다. "고양이가 매트리스 위에 있다"는 표현은, 고양이와 매트리스에 대한 현실을 언어에 담아낸 것이다. 이러한 청년기 비트겐슈타인의 관점을 언어에 대한 '그림 이론The Picture Theory of Language'이라고 한다.

그러나 비트겐슈타인은 장년기에 이르러 자신의 청년 시절 관점을 전복해 버린다. 그는 후기 저서인 《철학적 탐구》에서 철학적 문제들의 매혹은 철학자들이 단어의 의미를 맥락, 용법 및 문법과 동떨어진 것으로 생각하려는 잘못된 시도에서 비롯된다고 주장하면서, 언어를 언어의 여러 부분이 개발되고 기능하는 언어게임Language-Games(언어놀이)들의 다양성으로 생각할 것을 요청한다.

10 Wittgenstein, Ludwig. *Philosophical Investigations*. John Wiley & Sons, 2009, §43.

11 오스틴은 진술문constative과 평서문descriptive을 따로 구별하지 않고 혼용해서 사용한다.

12 Austin, John Langshaw. *How to Do Things with Words*. Oxford University Press, 1975, 6-7.

13   Salih, Sara. *Judith Butler*. Routledge, 2002, 100.

14   Langton, Rae. "Speech acts and unspeakable acts." *Philosophy & Public Affairs* 22.4 (1993): 302.

15   Asquith, Nicole. "The harms of verbal and textual hatred." *The consequences of hate crime* (2009): 163.

16   연구책임자: 홍성수, "혐오표현 실태조사 및 규제방안 연구", 〈국가인권위원회 2016년도 인권상황 실태조사 연구용역보고서〉, 국가인권위원회, 2016, 167~168쪽.

17   같은 글, 162쪽; 192쪽.

18   같은 글, 159쪽.

19   같은 글, 215쪽.

20   이종명 "동성애자냐?" 진선미 "질문 자체가 차별", 〈중앙일보〉, 2018년 9월 20일.

21   김지혜, "모욕적 표현과 사회적 차별의 구조: 일상의 언어와 법적 접근 방향", 《법과 사회》 55권 0호, 법과사회이론학회, 2017, 4~5쪽.

22   같은 글, 2쪽.

23   Hom, Christopher. "The semantics of racial epithets." *The Journal of Philosophy* 105.8 (2008): 416.

24   연구책임자: 홍성수, "혐오표현 실태조사 및 규제방안 연구", 〈국가인권위원회 2016년도 인권상황 실태조사 연구용역보고서〉, 국가인권위원회, 2016, 208쪽.

25   같은 글, 170쪽.

26   같은 글, 203쪽.

27   Langton, Rae. "Beyond belief: Pragmatics in hate speech and pornography." *Speech and Harm: Controversies over Free Speech*. OUP Oxford, 2012, 77.

28   Brown, Alexander. "What is hate speech? Part 1: The myth of hate." *Law and Philosophy* 36.4 (2017): 584.

29   제러미 월드론, 홍성수 · 이소영 역, 《혐오표현, 자유는 어떻게 해악이 되는가?》, 이후, 2017, 12쪽.

30   같은 책, 12~13쪽.

31   '정준영 단톡방'서 여성=음식, 위안부 피해자 모욕 등 저급한 대화 오가, 〈세계일보〉, 2019년 4월 13일.

32 '일베 논란' 유튜브, 천안함 희생자 조롱 사과 "죄송하고 부끄러운 부분 있어", 〈매일경제〉, 2019년 1월 23일.

33 "홍대 단톡방 성희롱 가해자 3명 무기정학 처분", 〈중앙일보〉, 2018년 5월 1일.

34 Özarslan, Zeynep. "Introducing Two New Terms into the Literature of Hate Speech: 'Hate Discourse' and 'Hate Speech Act' Application of 'speech act theory' into hate speech studies in the era of Web 2.0." İLETİ-Ş-İM 20 (2014): 57.

35 Ibid., 57.

36 Ibid., 71.

37 Ibid., 69.

38 김수아, "한국 온라인 공간과 여성 혐오 정서", 〈젠더리뷰〉, 한국여성정책연구원, 2015, 31쪽.

39 같은 글, 32쪽.

40 깨어나라, 지금은 전라국과 대한민국과의 전쟁이다, 〈뉴스타운〉, 2015년 8월 7일.

41 Langton, Rae. "Beyond belief: Pragmatics in hate speech and pornography." Speech and Harm: Controversies over Free Speech. OUP Oxford, 2012, 76.

42 김지혜, "차별선동의 규제-혐오표현에 관한 국제법적, 비교법적 검토를 중심으로", 《법조》 64권 9호, 법조협회, 2015, 37~38쪽.

43 같은 글, 42쪽.

44 같은 글, 38쪽.

45 Langton, Rae. "Beyond belief: Pragmatics in hate speech and pornography." Speech and Harm: Controversies over Free Speech. OUP Oxford, 2012, 73-74.

46 연구책임자: 홍성수, "혐오표현 실태조사 및 규제방안 연구", 〈국가인권위원회 2016년도 인권상황 실태조사 연구용역보고서〉, 국가인권위원회, 2016, 189쪽.

47 같은 글, 214쪽.

48 "청소년들이 항문알바 하고 있다" 김순례 의원 발언 화제, 〈국민일보〉, 2018년 10월 12일.

49 연구책임자: 홍성수, "혐오표현 실태조사 및 규제방안 연구", 〈국가인권위원회

2016년도 인권상황 실태조사 연구용역보고서〉, 국가인권위원회, 2016, 237쪽.

50 같은 글, 237쪽.

51 김지혜, "차별선동의 규제-혐오표현에 관한 국제법적, 비교법적 검토를 중심으로", 《법조》 64권 9호, 법조협회, 2015, 42쪽.

52 Langton, Rae. "Beyond belief: Pragmatics in hate speech and pornography." *Speech and Harm: Controversies over Free Speech*. OUP Oxford, 2012, 87-88.

53 독일 '호른바흐' 사 인종차별 여혐 광고에 누리꾼 저항 캠페인 벌인다, 〈한겨레〉, 2019년 4월 3일.

54 조경태 "어설픈 온정주의 난민정책, 국민갈등 초래, 〈뉴스1〉, 2018년 6월 28일.

55 김진태 "난민법 개정안 발의… 국민 숨넘어가게 생겨", 〈한국일보〉, 2018년 7월 20일.

56 제주漁民 "예멘인들 얘기도 하지 말라" 어민과 난민은 왜 등 돌렸나, 〈조선일보〉, 2018년 9월 22일.

57 예멘 난민신청자 2명 설거지 시비 서로 폭행, 현행범 체포, 〈연합뉴스〉, 2018년 7월 2일.

58 예멘 난민에 대한 '강간 공포', 〈미디어스〉, 2018년 6월 22일.

59 '불안이 공포로'… 제주 예멘 난민 논란, 〈머니투데이〉, 2018년 6월 23일.

60 제러미 월드론, 홍성수 · 이소영 역, 《혐오표현, 자유는 어떻게 해악이 되는가?》, 이후, 2017, 13쪽.

61 같은 책, 13쪽.

62 같은 책, 130쪽.

63 짐승만도 못한 이 전라도 빨갱이들아, 〈뉴스타운〉, 2015년 6월 20일.

64 Lillian, Donna L. "A thorn by any other name: Sexist discourse as hate speech." *Discourse & Society* 18.6 (2007): 732-733.

65 MacKinnon, Catharine A. *Only Words*. Harvard University Press, 1993, 56-57.

66 깨어나라, 지금은 전라국과 대한민국과의 전쟁이다, 〈뉴스타운〉, 2015년 8월 7일.

67 체질 바꾼 삼성공화국 호남인사 배제론?, 〈파이낸셜투데이〉, 2009년 8월 9일.

68 Post, Robert. *Censorship and Silencing: Practices of Cultural Regulation*.

Getty Publications, 1998, 269-270.

69 Ibid., 263.

70 홍준표 "설거지는 여자가 하는 일, 하늘이 정한 것" 끝 모를 막말, 〈한겨레〉, 2017년 4월 18일.

71 동성애 차별금지법… 누가 말 바꾸기 하나, 〈국민일보〉, 2017년 5월 8일.

72 "그것도 학교냐?" 이국종 교수도 당한 지방대 혐오, 〈오마이뉴스〉, 2019년 3월 7일.

73 "흰머리 염색 안 해?"… 롯데 임원의 황당한 '갑질' 논란, 〈중앙일보〉, 2017년 8월 23일.

74 조선일보 사장 손녀, 운전기사 '폭언' 녹취록 공개, 〈미디어오늘〉, 2018년 11월 21일.

75 "대통령 각의 발언, 승마협회 '살생부'에 적힌 것과 같아", 〈연합뉴스〉, 2016년 11월 1일.

76 "죽어버려" 조현아 동영상 파문에 母이명희 "죽여버릴거야" 녹취록 소환, 〈세계일보〉, 2019년 2월 22일.

77 양진호 '너는 순대 간 색으로' 직원 머리 색까지 지정한 '어둠의 제왕', 〈서울경제〉, 2018년 10월 31일.

78 '운항 중' 몰랐다던 조현아 "당장 세워! 비행기 안 띄울 거야", 〈매일경제〉, 2015년 1월 16일.

79 Bourdieu, Pierre. *Language and Symbolic Power*. Harvard University Press, 1991, 84f.
피에르 부르디외, 김현경 역,《언어와 상징권력》, 나남, 2014

80 Post, Robert and Roth, Michael eds. *Censorship and Silencing: Practices of Cultural Regulation* Vol. 4. Getty Research Institute, 1998, 304.

81 EGIDI, Rosaria, Massimo DELL'UTRI, and Mario DE CARO. *Normatività, Fatti, Valori*. Quodlibet, 2003, 6.

82 Gelber, Katharine. *Speaking Back: The free speech versus hate speech debate*. John Benjamins Publishing Company, 2002, 126.

83 Levin, Abigail. "Pornography, Hate Speech, and Their Challenge to Dworkin's Egalitarian Liberalism." *Public Affairs Quarterly* 23.4 (2009): 371-372.

84 순수하다고? 수상하다고!, 〈한국일보〉, 2016년 9월 1일.

85 Griffiths, Morwenna, and Margaret Whitford, eds. *Feminist perspectives in philosophy*. Indiana University Press, 1988, 65.

86 MacKinnon, Catharine A. *Feminism Unmodified: Discourses on Life and Law*. Harvard University Press, 1988, 158.

87 이언주, '남자'가 외교부 장관해야?… 임태훈 "명백한 성차별", 〈고발뉴스〉, 2017년 6월 7일.

88 이언주 "밥하는 동네 아줌마가 왜 정규직 돼야 하나?", 〈오마이뉴스〉, 2017년 7월 9일.

89 노동계 "이언주 '밥하는 동네 아줌마' 발언, 변명으로 일관해", 〈한겨레〉, 2017년 7월 11일.

90 West, Caroline. "Words that silence? Freedom of expression and racist hate speech." *Speech and Harm: Controversies Over Free Speech*. OUP Oxford, 2012, 244.

91 Ibid., 245.

92 Langton, Rae. "Speech Acts and Unspeakable Acts." *Philosophy & Public Affairs* 22.4 (1993): 314-315.

93 "미투 운동은 적폐세력이 기획" 발언 대전 서구의원 사과, 〈연합뉴스〉, 2018년 3월 10일.

94 민주당 간부 김지은씨 비하 발언… 전북도당 "간부 파면 검토", 〈연합뉴스〉, 2018년 3월 7일.

95 MacKinnon, Catharine A. *Only Words*. Harvard University Press, 1993, 3.

96 연구책임자: 홍성수, "혐오표현 실태조사 및 규제방안 연구", 〈국가인권위원회 2016년도 인권상황 실태조사 연구용역보고서〉, 국가인권위원회, 2016, 216쪽.

97 Lawrence III, Charles. "If He Hollers Let Him Go: Racist Speech on Campus." *Words That Wound: Critical Race Theory, Assaultive Speech, And The First Amendment*. Westview Press, 1993, 70.

98 Ibid., 67-68.

99 Nielsen, Laura Beth. "Power in public: Reactions, responses, and resistance to offensive public speech." *Speech and Harm: Controversies Over Free Speech*. OUP Oxford, 2012, 161-162.

100 연구책임자: 홍성수, "혐오표현 실태조사 및 규제방안 연구", 〈국가인권위원회 2016년도 인권상황 실태조사 연구용역보고서〉, 국가인권위원회, 2016, 219쪽.

101 같은 글, 221쪽.

102 '앙 기모띠' 사용한 민주당 대구시의원 후보, 낙선 뒤 사과, 〈국민일보〉, 2018년 6월 14일.

103 초등학교는 지금 '아이스께끼' 대신 '앙 기모띠', 〈노컷뉴스〉, 2018년 4월 9일.

104 일본 성인 동영상 언어 SNS 타고 초등학교까지 침투", 〈매일경제〉, 2016년 6월 9일.

105 Langton, Rae. "Speech Acts and Unspeakable Acts." *Philosophy & Public Affairs* (1993): 215.

106 Langton, Rae. *Sexual Solipsism: Philosophical Essays on Pornography and Objectification*. Oxford University Press, 2009, 297.

107 MacKinnon, Catharine A. *Feminism Unmodified: Discourses on Life and Law*. Harvard University Press, 1988, 191.

108 Hornsby, Jennifer. "Speech acts and pornography." *Women's Philosophy Review* 10 22.4 (1993): 227.

109 Butler, Judith. *Excitable Speech: A Politics of the Performative*. Routledge, 2013, 50.

110 Brown, Alexander. "What is hate speech? Part 2: Family resemblances." *Law and Philosophy* 36.5 (2017): 600.

모욕당하고 배제된 타자들의 이름 되찾기 _대항표현

1 황교안 "외국인 근로자에 똑같은 임금 불공정"… 차별 · 혐오 발언 논란, 〈한겨레〉, 2019년 6월 19일.

2 "황교안, 트럼프 흉내 내나?"… '외국인 근로자 차별 발언' 논란, 〈국민일보〉, 2019년 6월 19일.

3 Gelber, Katharine. *Speaking Back: The free speech versus hate speech debate*. John Benjamins Publishing Company, 2002, 119.

4 Ibid., 122.

5   '순수한 여성'만의 페미니즘 거부합니다, 〈경향신문〉, 2018년 11월 26일.

6   Gelber, Katharine. *Speaking Back: The free speech versus hate speech debate*. John Benjamins Publishing Company, 2002, 120.

7   Ibid., 119.

8   Habermas, Jürgen. *The Theory of Communicative Action* Vol. 2. Beacon Press, 1987, 305.

9   Gelber, Katharine. *Speaking Back: The free speech versus hate speech debate*. John Benjamins Publishing Company, 2002, 65.

10   Brown, Alexander. "What is hate speech? Part 1: The myth of hate." *Law and Philosophy* 36.4 (2017): 456.

11   광주 시민은 "넝마주이 김군"… 이 사람이 북한군 제1광수?, 〈중앙일보〉, 2019년 5월 18일.

12   당신을 불안에 떨게 한 그 사진은 가짜 뉴스다, 〈한겨레〉, 2018년 7월 2일.

13   10살도 안 된 아이가 신부?… 한 장의 사진이 낳은 가짜 뉴스, 〈매일경제〉, 2018년 7월 16일.

14   제주 예멘 난민을 둘러싼 무성한 소문… 진실과 거짓은?, 〈매일경제〉, 2018년 6월 19일.

15   '페미니스트→이퀄리스트→좌좀'… 이수역 사건 놓고 힙합씬 '디스전', 〈한겨레〉, 2018년 11월 19일.

16   Habermas, Jürgen. *The Theory of Communicative Action* Vol. 2. Beacon Press, 1987, 374.

17   장애인 인권단체 "웹툰 복학왕 청각장애인 희화화…기안84 사과해야", 〈조선일보〉, 2019년 5월 10일.

18   발달장애여성들 "잠시만요, 이제 내가 말할게요", 〈일다〉, 2019년 3월 5일.

19   Butler, Judith. *Excitable Speech: A Politics of the Performative*. Routledge, 2013, 146-147.

20   Ibid., 145.

21   Ibid., 158-159.

22   창원시 간부 공무원이 부하 직원에 갑질 · 폭언 논란, 〈경남데일리〉, 2019년 2월 19일.

23   '폭언' 박부근 창원시 도시개발사업소장 직위해제, 〈경남신문〉, 2019년 2월

20일.

갑질 간부공무원, 중징계로 다스려야, 〈경남도민일보〉, 2019년 5월 13일.

24　Brown, Alexander. "What is hate speech? Part 1: The myth of hate." *Law and Philosophy* 36.4 (2017): 440-441.

25　Ibid., 441.

26　Gates Jr, Henry Louis, et al. *Speaking of Race, Speaking of Sex: Hate Speech, Civil Rights, and Civil Liberties*. NYU Press, 1994, 32-33.

27　Brown, Alexander. "What is hate speech? Part 1: The myth of hate." *Law and Philosophy* 36.4 (2017): 457.

28　"혐오는 핫한 '화폐'··· 지금도 넘쳐난다", 〈경향신문〉, 2019년 6월 16일.

29　Habermas, Jürgen. *The Theory of Communicative Action* Vol. 2. Beacon Press, 1987, 308.

30　Ibid., 303.

31　교복 입고 무대에 선 엄마들… 극단 '노란 리본', 〈SBS뉴스〉, 2019년 4월 16일.

32　'거리의 만찬' 오버 더 레인보우--어버이날을 맞아 성소수자 자녀를 둔 어머니를 만나다, 〈전북일보〉, 2019년 5월 10일.

33　Elster, Jon. *Deliberative democracy*. Cambridge University Press, 1998, 111.

34　Gelber, Katharine. *Speaking Back: The free speech versus hate speech debate*. John Benjamins Publishing Company, 2002, 122.

35　Ibid., 121-122.

36　'퓨리오숙' 김숙의 미러링은 페미니스트적 전략, 〈여성신문〉, 2016년 6월 16일.

37　Butler, Judith. *Excitable Speech: A Politics of the Performative*. Routledge, 2013, 93.

38　Ibid., 14.

39　Ibid., 13.

40　Baez, Benjamin. *Affirmative Action, Hate Speech, and Tenure: Narratives About Race and Law in the Academy*. Routledge, 2013, 146

41　Ibid., 57

42　이성애 전용 사이트에 5초 간격으로 올라오는 글의 정체는?, 〈뉴스앤조이〉, 2016년 7월 8일.

43 동성애자는 섹스 중독자가 아닙니다, 〈뉴스앤조이〉, 2016년 8월 24일.

44 Butler, Judith. *Excitable Speech: A Politics of the Performative*. Routledge, 2013, 99.

45 Özarslan, Zeynep. "Introducing Two New Terms into the Literature of Hate Speech: 'Hate Discourse' and 'Hate Speech Act' Application of 'speech act theory' into hate speech studies in the era of Web 2.0." *İLETİ-Ş-İM* 20 (2014): 69.

46 Ibid., 71.

47 Eichhorn, Kate. "Cyberhate and Performative Speech in Accelerated Time(s)." *M/C: A Journal of Media and Culture* 3.3 (2000).

48 Eichhorn, Kate. "Re-in/citing linguistic injuries: speech acts, cyberhate, and the spatial and temporal character of networked environments." *Computers and Composition* 18.3 (2001): 293-298.

49 Butler, Judith. *Excitable Speech: A Politics of the Performative*. Routledge, 2013, 39.

50 "성 상품화가 왜 나빠요?" 발칙한 그녀들의 고공농성, 〈오마이뉴스〉, 2015년 12월 21일.

51 독립 도색잡지 '젖은 잡지' 들어 보셨나요?, 〈한겨레〉, 2015년 7월 20일.

52 Strossen, Nadine. *Defending Pornography: Free Speech, Sex, and the Fight for Women's Rights*. Scribner, 1995, 52.

53 Ibid., 146.

54 Ibid., 174.

55 Nussbaum, Martha C. *Sex and Social Justice*. Oxford University Press, 1999, 214.

56 Ibid., 238-239.

57 Ibid., 248-249.

58 '로리콤' 논란, 성적 대상화를 '하는' 사람은 누구인가, 〈노컷뉴스〉, 2017년 2월 13일.

59 LeMoncheck, Linda. *Loose Women, Lecherous Men: A Feminist Philosophy of Sex*. Oxford University Press, 1997, 133.

60 오르가슴 은사 주신 주님께 영광, 〈뉴스앤조이〉, 2016년 3월 28일.

61　신성 모독 논란에 사기 의혹⋯ 은하선, 누구인가?, 〈크리스천투데이〉, 2019년 5월 9일.

62　섹스칼럼니스트 은하선, 당신의 욕망은 당신 것인가?, 〈한겨레〉, 2018년 2월 10일.

63　Cornell, Drucilla. *Feminism and pornography*. Oxford University Press, 2000, 551.

64　Waldron, Jeremy. *The harm in hate speech*. Harvard University Press, 2012, 67.

65　Lepoutre, Maxime. "Hate speech in public discourse: A pessimistic defense of counterspeech." *Social Theory and Practice* 43.4 (2017): 851-883.

66　Laura Beth Nielsen, "Power in Public: Reactions, Responses and Resistance to Offensive Public Speech," in Ishani Maitra and Mary Kate McGowan, eds. *Speech and Harm: Controversies Over Free Speech*. OUP Oxford, 2012, 148-173.

67　박미숙 · 추지현, "혐오표현의 실태와 대응방안", 〈형사정책연구원 연구총서 6-AA-03〉, 한국형사정책연구원, 206, 245~257쪽.

68　홍성수, 《말이 칼이 될 때》, 어크로스, 2018, 223쪽.

69　문재인 앞에서 "동성애 혐오 발언 사과하라" 기습 시위 · · · 인권활동가 13명 경찰 연행, 〈경향신문〉, 2017년 4월 26일.

70　성소수자 혐오 반대의 날⋯ "혐오 · 차별 맞서 평등 · 안전 빛내자", 〈연합뉴스〉, 2019년 5월 17일.

71　Lepoutre, Maxime. "Hate speech in public discourse: A pessimistic defense of counterspeech." *Social Theory and Practice* 43.4 (2017): 851-883.

72　Gelber, Katharine. *Speaking Back: The free speech versus hate speech debate*. John Benjamins Publishing Company, 2002, 123.

73　Schwartzman, Lisa H. "Hate speech, illocution, and social context: a critique of Judith Butler." *Journal of Social Philosophy* 33.3 (2002): 437.

74　Ibid., 437.

75　Lepoutre, Maxime. "Hate speech in public discourse: A pessimistic defense of counterspeech." *Social Theory and Practice* 43.4 (2017): 851–883.

76 최영애 인권위원장, "성소수자도 평등과 자유 누릴 권리 있어", 〈매일경제〉, 2019년 5월 17일.

77 문대통령 "극단적 대립·혐오 표출 안 돼… 다양성·포용성 중요", 〈연합뉴스〉, 2017년 12월 20일.

78 Brettschneider, Corey Lang. *When the State Speaks, What Should It Say?: How Democracies Can Protect Expression and Promote Equality*. Princeton University Press, 2012, 95–96.

79 Lepoutre, Maxime. "Hate speech in public discourse: A pessimistic defense of counterspeech." *Social Theory and Practice* 43.4 (2017): 851–883.

80 Ibid., 861.

81 Ibid., 860.

82 혐오표현, 인권위가 뿌리 뽑는다, 〈프레시안〉, 2018년 2월 20일.

83 Brettschneider, Corey Lang. *When the State Speaks, What Should It Say?: How Democracies Can Protect Expression and Promote Equality*. Princeton University Press, 2012, 110–111.

84 Ibid., 96–104.

85 홍성수는 이를 '금지하는 규제'에 대비되는 '지지하는 규제' 또는 '형성적 규제'라고 설명한다.
홍성수, 《말이 칼이 될 때》, 어크로스, 2018, 175쪽.

86 Gelber, Katharine. *Speaking Back: The free speech versus hate speech debate*. John Benjamins Publishing Company, 2002, 18.

87 Ibid., 18.

88 Ibid., 44.

89 Ibid., 96–104.

90 "우리는 연결될수록 강하다" 제16회 퀴어문화축제 막 올려, 〈여성신문〉, 2015년 6월 11일.

1   Fish, Stanley, *There's No Such Thing As Free Speech: And It's a Good Thing, Too*. Oxford University Press, 1994, 102

2   권익위 선정, 한국 사회를 크게 바꾼 공익제보는?, 〈경향신문〉, 2018년 12월 4일.

3   "공연히 사실을 적시하여 사람의 명예를 훼손한 자는 2년 이하의 징역이나 금고 또는 500만 원 이하의 벌금에 처한다" "공연히 허위의 사실을 적시하여 사람의 명예를 훼손한 자는 5년 이하의 징역, 10년 이하의 자격정지 또는 1천만 원 이하의 벌금에 처한다"고 규정한 형법의 명예훼손죄, "사람을 비방할 목적으로 정보통신망을 통하여 공공연하게 사실을 드러내어 다른 사람의 명예를 훼손한 자는 3년 이하의 징역 또는 3천만 원 이하의 벌금에 처한다" "사람을 비방할 목적으로 정보통신망을 통하여 공공연하게 거짓의 사실을 드러내어 다른 사람의 명예를 훼손한 자는 7년 이하의 징역, 10년 이하의 자격정지 또는 5천만 원 이하의 벌금에 처한다"고 규정한 정보통신망법의 명예훼손죄는 모두 사실과 허위사실을 처벌하는 조항들이다.

4   사실적시 명예훼손죄의 위험성을 우려하는 목소리는 꾸준히 나오고 있다. 15년 UN 자유권위원회는 사실적시 명예훼손죄를 폐지할 것을 권고했으며, 이런 맥락에서 16년 사실적시 명예훼손 폐지 법안이 발의되었다가 무산되었다. 청와대 국민청원 게시판에 "사실을 말해도 고소당하는 사실적시 명예훼손을 폐지해 주세요"라는 내용의 청원이 올라왔을 때는 4만 2,000여 명이 참여했다. 18년에는 세계적인 추세에 따라 사실적시에 의한 명예훼손죄를 폐지하는 것이 바람직하다는 한국형사정책연구원의 보고서(〈사실적시 명예훼손죄의 비범죄화 논의와 대안에 관한 연구〉)가 발간되기도 했다.

5   '장자연 리스트' 공개 이종걸 의원 떴다!, 〈경향신문〉, 2009년 4월 7일.

6   서지현 검사가 '사실적시 명예훼손'?… "형법 307조 개정해야", 〈국민일보〉, 2018년 4월 2일.

7   조용기 목사 "일본 지진은 하나님의 경고" 발언 논란, 〈한겨레〉, 2011년 3월 14일.

8   김홍도, "카트리나는 동성애자에 대한 심판", 〈오마이뉴스〉, 2005년 9월 21일.

9   동성애·난민 혐오 '가짜 뉴스 공장'의 이름, 에스더, 〈한겨레〉, 2018년 9월 27일.

10 입만 열면 5·18 훼손… 지만원은 왜 처벌받지 않을까?, 〈노컷뉴스〉, 2019년 1

월 10일.

11 Lawrence III, Charles. "If He Hollers Let Him Go: Racist Speech on Campus." *Words That Wound: Critical Race Theory, Assaultive Speech, And The First Amendment*. Westview Press, 1993, 107.

12 Ibid., 75.

13 "전업주부는 서방님 말씀 잘 들어"… 온라인 내 성차별 만연, 〈중앙일보〉, 2018년 9월 28일.

14 연구책임자: 홍성수, "혐오표현 실태조사 및 규제방안 연구", 〈국가인권위원회 2016년도 인권상황 실태조사 연구용역보고서〉, 국가인권위원회, 2016, 10쪽.

15 같은 글, 205쪽.

16 같은 글, 170쪽.

17 "성소수자 혐오도 존중해야?"… 고려대 학보사 기자칼럼 논란, 〈뉴스1〉, 2019년 3월 31일.

18 "혐오표현 규제 법안 발의 종교자유 침해 위한 것 아냐"… 김부겸 장관, 한기총 방문해 해명, 〈국민일보〉, 2018년 3월 30일.

19 "노 키즈 존, 아이들을 위한 공간은 없다", 〈미디어스〉, 2016년 6월 26일.

20 '노 키즈 존' 확산… 이러고 애 낳으란 거냐 vs 부모 교육이 문제, 〈세계일보〉, 2019년 3월 23일.

21 도민 44% "노 키즈 존은 업주 영업상 자유, 〈경기일보〉, 2016년 2월 18일.

22 '노 키즈 존' 문전박대 겪은 꼬마 작가의 일기 화제, 〈매일경제〉, 2019년 3월 21일.

23 Gelber, Katharine. *Speaking Back: The free speech versus hate speech debate*. John Benjamins Publishing Company, 2002, 32-34.

24 Cortese, Anthony Joseph Paul. *Opposing Hate Speech*. Greenwood Publishing Group, 2006, 140.

25 Langton, Rae. "Whose Right? Ronald Dworkin, Women, and Pornographers," *Philosophy and Public Affairs* 19.4 (1990): 311.

26 인권위 "'노키즈 존' 식당 운영은 아동 차별 행위", 〈한겨레〉, 2017년 11월 24일.

27 Alexander, L. and Horton, P. "The Impossibility of a Free Speech Principle" *Northwestern Law Review* 78.5 (1984): 1319ff.

28 Post, Robert C. "Racist speech, democracy, and the First Amendment."

Wm. & Mary L. Rev 32 (1990): 267.

29   Emerson, Thomas I. "Toward a general theory of the First Amendment." *Yale Lj 72* (1962): 878.

30   군인이 대통령 욕하면 처벌… 군형법상 상관모욕죄 합헌, 〈국민일보〉, 2016년 3월 1일.

31   '독재자의 딸' 포스터에 형사반까지 출동, 〈뉴스타파〉, 2015년 12월 10일.

32   홍성담 화백, "그림 한 점 때문에… 소름이 끼쳤다", 〈미디어오늘〉, 2016년 12월 9일.

33   Kelsen, Hans. *General Theory of Law and State*. Routledge, 2017, 287-288.

34   Lasson, Kenneth. "Group libel versus Free Speech: when big brother should butt in." *Duq. L. Rev* 3 (1984): 13.

35   Ibid., 468.

36   Ibid., 447.

37   황교안이 앞장선 '성소수자 혐오', 민경욱도 '혐오 논평', 〈프레시안〉, 2019년 5월 20일.

38   "잡종 강세" "튀기" 익산시장 혐오표현… 이주여성단체 인권위 진정, 〈한겨레〉, 2019년 6월 28일.

39   '워마드와 전쟁' 하태경 "폐쇄 법안 발의", 〈매일경제〉, 2019년 1월 23일.

40   "워마드의 폭력적 언어는 페미니스트 파시즘", 〈뉴시스〉, 2019년 3월 17일.

41   Gates Jr, Henry Louis, et al. *Speaking of Race, Speaking of Sex: Hate Speech, Civil Rights, and Civil Liberties*. NYU Press, 1994, 45.

42   Ibid., 3-4.

43   Ibid., 43.

44   Glasser, Ira. "introduction." in Gates Jr, Henry Louis, et al. *Speaking of Race, Speaking of Sex: Hate Speech, Civil Rights, and Civil Liberties*. NYU Press, 1994, 8-9.

45   Gates Jr, Henry Louis. "War of words: Critical race theory and the first amendment." *Speaking of Race* (1994): 42.

46   혐오표현 규제 법안? "사실상 차별금지법" 지적, 〈크리스천투데이〉, 2018년 2월 4일.

47   '개독'은 혐오표현일까?, 〈경향신문〉, 2016년 2월 16일.

48   박선숙 의원, 텀블러 등 해외사업자 혐오표현 모니터링 의무화 법안 발의, 〈전
     자신문〉, 2018년 7월 4일.

49   '혐오표현 삭제법안', 정작 혐오의 기준이 없다, 〈미디어오늘〉, 2018년 8월 14일.

50   Waldron, Jeremy. *The harm in hate speech*. Harvard University Press,
     2012, 66.

51   제러미 월드론, 홍성수 · 이소영 역,《혐오표현, 자유는 어떻게 해악이 되는가?》,
     이후, 2017, 89쪽.

52   위의 책, 11~12쪽.

53   Matsuda, Mari J. *Words That Wound: Critical race theory, assaultive
     speech, and the first amendment*. Westview Press, 1993, 17.

54   Ibid., 48.

55   Ibid., 17.

56   혐오표현 규제 법안? "사실상 차별금지법" 지적, 〈크리스천투데이〉, 2018년 2
     월 24일.

57   박선숙 의원, 텀블러 등 해외사업자 혐오표현 모니터링 의무화 법안 발의, 〈전
     자신문〉, 2018년 7월 24일.

58   서지현 검사가 올린 안태근 성추행 폭로 글, 〈한겨레〉, 2018년 1월 30일.

59   존경받던 그 문인은 성폭력 가해자였다, 〈직썰〉, 2018년 2월 6일.

60   7차 촛불집회 페미존 "우리는 서로의 용기다", 〈여성신문〉, 2016년 12월 10일.

61   Gelber, Katharine. *Speaking Back: The free speech versus hate speech
     debate*. John Benjamins Publishing Company, 2002, 42.

62   Nussbaum, Martha C. *Frontiers of Justice: Disability, Nationality, Species
     Membership*. Harvard University Press, 2009, 76-78.

63   Gelber, Katharine. *Speaking Back: The free speech versus hate speech
     debate*. John Benjamins Publishing Company, 2002, 42-43.

64   Ibid., 42.

65   "너희의 시대는 갔다"… 여성단체 성명, 〈코리아헤럴드〉, 2018년 3월 6일.

66   서지현 검사가 올린 안태근 성추행 폭로 글, 〈한겨레〉, 2018년 1월 30일.

67   세월호를 교통사고라 말하는 사람들, 〈경향신문〉, 2014년 7월 29일.

68   한기총 부회장 "가난한 집 아이들 불국사로 수학여행 가지…", 〈한겨레〉, 2014

년 5월 23일.

69 차명진 "세월호 유족 징하게 해 먹는다"… SNS 망언 논란, 〈매일경제〉, 2019년
4월 16일.

70 차명진 이어 정진석까지 세월호 막말… "이제 징글징글해", 〈매일경제〉, 2019
년 4월 16일.

71 Gelber, Katharine. *Speaking Back: The free speech versus hate speech debate*. John Benjamins Publishing Company, 2002, 43-44.